생각의 지름길

생각의 지름길

초판 1쇄 발행 2008년 1월 29일
초판 4쇄 발행 2010년 8월 16일

지은이 김영한 · 김익철
펴낸이 김선식
펴낸곳 다산북스
출판등록 2005년 12월 23일 제313-2005-00277호

다산북스 임영묵, 박경순, 이혜원, 김다우
저작권팀 이정순, 김미영
마케팅본부 모계영, 이도은, 신현숙, 김하늘, 박고운, 권두리
홍보팀 서선행, 정미진
광고팀 한보라, 박혜원
온라인마케팅팀 하미연
디자인본부 최부돈, 손지영, 조혜상, 김태수, 황정민, 김희준
경영지원팀 김성자, 김미현, 김유미, 유진희, 정연주
미주사업팀 우재오
외부스태프 표지디자인 컨텐츠앤비주얼 본문디자인 한현식

주소 서울시 마포구 서교동 395-27
전화 02-702-1724(기획편집) 02-703-1725(마케팅) 02-704-1724(경영지원)
팩스 02-703-2219
이메일 dasanbooks@hanmail.net
홈페이지 www.dasanbooks.com

필름 출력 엔터
종이 신승지류유통
인쇄 · 제본 (주) 현문

ISBN 978-89-92555-75-3 (03320)

생각의 지름길

비즈니스 천재들의 문제해결법

김영한 · 김익철 지음

다산북스

창조적 리더가 되는 생각의 지름길을 찾아서

> 스티브 잡스는 현재의 소비자들이 원하는 것에 귀 기울이지
> 않는다. 그러나 그는 말한다.
> "이것이 바로 미래에 소비자들이 원하게 될 것이다."
>
> — 마크 크밤, 세퀘이아 캐피털 파트너 —

2007년의 마지막 날, 한 그룹사의 CEO와 임원들이 모인 워크숍에서 창조혁신에 대한 강의가 있었다. 2008년 그룹 방침을 '미래 가치창조'로 정하고 그 방안에 대해 경영진들과 토의하는 자리였다. 모든 기업들이 그토록 창의적인 인재를 갈망하면서도 창조적인 혁신을 이루어내지 못한 이유 중 하나가 리더의 창의성 결여임을 지적하며 획기적인 경영혁신기법을 도입해야 한다고 역설하던 중, 한 CEO가 이의를 제기하고 나섰다.

"그렇게 한다고 성공한다는 보장이 있습니까? 우리는 지금의 방식 그대로도 좋다고 생각합니다."

그 CEO가 이끌고 있는 기업이 10여 년 전에 내놓은 제품으로

국내시장에서 꾸준히 성장해왔기 때문이었을까. 그러나 과거의 성장만으로 미래의 발전을 가늠하던 시대는 끝났다. 리더 스스로가 혁신을 이루어내기 위해 부단히 노력하고 새로운 가치를 창조해내지 않으면 그 기업의 미래는 밝다고 할 수 없다. 이것은 비단 큰 기업체나 그룹 총수 급의 리더들에게만 해당되는 이야기가 아니다. 무한경쟁 시대를 살아가는 개개인도 과거의 작은 성공에 만족하고 관습적인 생각과 고정관념에 갇혀버린다면 창조적인 리더의 이상적인 모습과 점점 거리가 멀어질 것이다.

그렇다면 창조적 리더가 되기 위해서는 어떻게 해야 할까? 혹시 그들은 남다른 생각체계를 타고난 것이 아닐까?

흔히 창조적 리더로 손꼽히는 사람들은 위대한 업적을 남긴 위인들이나 현시대의 위대한 기업가들인 경우가 많다. 굳이 예를 들자면 과거의 위인으로는 아인슈타인이나 뉴턴을 꼽을 수 있겠고 동시대에서는 창조경영의 대명사 스티브잡스 정도가 아닐까. 그렇다면 이들은 어떻게 당대의 천재로 인정받으며 역사를 바꾸는 창의적인 업적을 이루어낼 수 있었을까?

아마도 많은 사람들이 그러한 사람들에겐 타고난 창의성이 존재한다고 생각할 것이다. 그러나 일찍이 심리학자 매슬로우는 창조성을 '모든 인간본성에 내재하는 기본적인 특성'이라고 말했다. 즉 창조성은 누구나 타고나는 것이지만 창조적 리더들은 자신을 한계에 가두는 고정관념을 넘어선 반면 평범한 사람들은 자신도 모르게 스스로 사고를 가두는 습성을 얻었다는 것. 사실 고정관념이 머릿속에 자리잡으면 그것을 벗어난 새로운 생각을 하기 힘들뿐더러 설령 다른 사람들이 새로운 아이디어를 내어 놓는다고 해도 쉽게 받아들이기 어렵다. 그러나 세상은 내가 아는 만큼만 변하지 않는다. 경쟁사도 내 사고 수준에서만 비즈니스를 하는 것이 아니다. 그러므로 고정관념에 사로잡히는 것은 기업의 미래를 일굴 창조나 혁신과는 극단적으로 반대되는 개념이다.

그렇다면 획기적인 창의력 개발법에는 어떤 것들이 있을까? 현대인은 그야말로 창의력에 목말라 있다. 지금까지 메모의 기술, 마인드맵, 6시그마와 같은 기법들이 개인부터 기업에까지 창의적인 혁신 기법으로 소개된 것만 봐도 그렇다. 그러나 이러한 기법들은 기업과 개인의 실질적인 창의력 함양에 도움을 주지 못했다. 창의력이란 근본적으로 '남이 풀지 못한 문제를 푸는' 데 목적을 두고 있기 때문이다. 그러므로 이러한 측면에서 본다면 지금까지 소개된 많은 기법들은 궁극적인 문제해결에 도움을 주지 못했다.

이러한 이유로 요즘 창의적 문제해결법을 뜻하는 트리즈TRIZ가 주목받고 있다. 트리즈는 본래 수십만 건의 특허를 분석하여 만든 기술개발이론이었다. 하지만 이렇게 트리즈를 소개하면 지레 그것이 '어렵다'며 뒷걸음질 치는 분들이 많다. 우리는 어렵고, 기술개발 용도이며, 우리의 업무와 맞지 않을 거라는 막연한 고정관념이 트리즈의 무한한 문제해결력을 가두는 것을 목격했다. 그리고 그러한 기존의 인식을 깨기 위해 보다 쉽고, 비즈니스 문제해결에도 도움이 되도록 트리즈의 파라미터를 조정하는 데 성공했다.

　트리즈는 문제해결을 방해하는 모순을 해결하여 시행착오를 줄이는 특성이 있다. 시행착오가 줄어드는 만큼 문제해결이 빠르고, 문제해결자가 기존에 가지고 있던 고정관념을 넘어서는 아이디어를 유도하기 때문에 그야말로 혁신을 몰고 올 창의적인 아이디어를 만들어낸다. 우리는 이것을 어떻게 하면 쉽게 설명할 수 있을까에 대해 오랜 시간 연구한 결과, 트리즈의 문제해결과정이 목적지로 가는 쉽고 빠른 경로를 탐색하고 인도해주는 내비게이터와 같은 역할을 한다는 사실을 발견했다. 그렇다. 천재들의 생각의 지도를 펼쳐 보이고 생각의 지름길을 찾아주는 아이디어 내비게이터가 바로 트리즈인 것이다.

　이미 BMW, 혼다, P&G, 휴렛패커드와 같은 글로벌 그룹들은 트리즈를 활용하고 있으며 국내에서는 LG, 삼성을 필두로 여러 기업들이 트리즈를 창의적 리더를 만드는 창조경영의 해결법으로 활용하여 미래가치를 창출하고 있다. 늦었다고 생각할 때가 시작하기 가장 좋은 시기라 하지 않던가. 창의적인 사람들은 있는 그대로의 것을 보는 사람이 아니라 존재하지 않는 것을 꿈꾸며 실현하는 사람들이다. 이제 아이디어 내비게이터, 트리즈로 천재들처럼 생각하고 미래의 가치를 꿈꿔보자. 생각의 지름길을 따라가다 보면 평범한 당신도 창조적 리더가 될 수 있다.

김영한 · 김익철

| CONTENTS |

PART 03 Output
창조적 리더의 트리즈 응용

PART

01

Input

창조적 리더의 비밀병기, **트리즈**

창조성이란 아무도 생각하지 못했던 문제를
찾아 해결하거나 뭔가 재미있는 것을 발굴하여
가치있게 만드는 것이다.

– 루트 번스타인, 미시간 주립대 교수 –

1% 창의적 인재의 조건

역사학자 아놀드 토인비는 "역사적 성공의 반은 죽을지도 모른다는 위기의식에서 비롯되었고 역사적 실패의 반은 찬란했던 시절에 대한 기억에서 시작되었다"고 했다. 작은 성공을 거둔 사람은 과거의 성공 방정식에 집착하여 새로운 것을 생각하지 못하는 반면, 죽을지도 모른다는 위기의식은 기존의 고정관념을 버리고 백지상태에서 다시 생각하게 하기 때문에 새로운 성공으로 가는 길을 찾아낼 수 있다는 뜻이다.

시장이 변하고 기술이 발달하면 과거의 제품과 경영방식으로는 변화를 따라잡을 수 없으므로 외부의 변화를 받아들여서 내부의 창조적인 변화를 꾀해야 한다. 기존 제품의 품질을 향상시키려는 노력은 반드시 필요하지만 이것이 내부적인 기준에 의해서 이루어지면 시장에서 외면받을 수 있기 때문이다. 즉 고객이 바뀌고 그들이 원하는 가치가 변화하면 시대가 원하는 새로운 고객가치Customer Value를 만들어내야 한다.

21세기 기업경영전략으로 각광받던 6시그마Six Sigma나 마인드맵Mind map은 품질과 프로세스를 개선시키는 데 효과적인 기법이었지만 제품의 개선이나 내부 개선을 실현시키기에는 한계가 있다. 이에 반해 트리즈는 문제의 본질을 찾아서 과제를 설정할 수 있고 해결방법도 주관에 사로잡히지 않고 객관화하여 생각할 수 있는 장점이

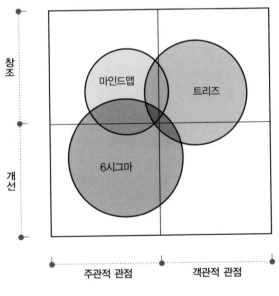

○ 6시그마, 마인드맵, 트리즈의 상관관계

있다.

　자신이 알고 있는 범위 내에서의 자유로운 발상은 단순히 아이디어로만 그치게 되거나 실행되지 않는 경우가 많다. 창조란 아이디어가 실행에 옮겨질 때 가능한 것. 트리즈를 이용하면 천재들의 아이디어를 참조하여 그것을 뛰어넘는 새로운 아이디어를 낼 수 있고 그 아이디어를 실행에 옮길 때 발생하는 모순을 사전에 해결하므로 최적 실행 아이디어IFR, Ideal Final Result를 만들 수 있다.

　우리 기업은 오랫동안 관리적인 업무방식에 익숙해져 있기 때문에 정해진 일은 효율적으로 처리하는 장점이 있다. 그래서 품질관리 기법을 발전시킨 6시그마에도 잘 적응한 편이다. 그러나 지금까지 없었던 새로운 것을 만들어내려면 일하는 방법부터 창조적 형태로 바

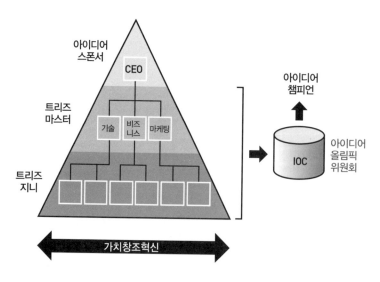

✪ 트리즈의 가치창조혁신 과정

꾸어야 한다. CEO나 경영자는 창조적 기업문화를 만들겠다는 의지를 표현해야 하며 창의적인 아이디어를 존중하는 아이디어 스폰서Idea Sponsor가 되어야 한다. 과거에 품질을 향상시키고 프로세스를 개선하기 위해 6시그마를 전사적 차원에서 추진했던 것처럼 창조혁신을 이루기 위해서는 트리즈를 전사적 과제로 설정해야 한다.

가치창조혁신을 전사적으로 전개하려면 현업에 있는 모든 부문의 가치혁신과제를 선정해서 추진해야 한다. 그러기 위해서는 기술, 비즈니스, 마케팅 부문별로 가치혁신포인트VIP, Value Innovation Point를 선정하여 혁신 활동이 전개되도록 해야 한다.

현업 실무자들은 창조혁신자인 트리즈 지니TRIZ Genius의 약자가 되어서 VIP 과제를 해결해 나가도록 한다. 관리자들은 트리즈 마스터TRIZ master로서 새로운 방향을 제시하고 트리즈 지니들의 혁신활동을 지원한다. 임원들은 혁신 지원 커뮤니티를 형성하여 전사적으로 창조혁신이 추진되도록 지원한다. 6개월에 한 번 정도 아이디어 올림픽을 개최하여 아이디어 챔피언을 선정, 영웅으로 만들며 적절한 보상을 함으로써 창조적 인재를 우대하는 풍토를 만들어야 한다.

이미 6시그마를 추진하고 있는 기업의 경우는 개선과제와 혁신과제를 적절히 믹스하면 된다. 개선과제는 6시그마, 혁신과제는 트리즈를 이용하여 해결할 수 있다. 이때 전체 과제에서 개선과제와 혁신과제가 차지하는 비율은 업종이나 회사의 상황에 따라 다르겠지만 5대5나 개선 7대 혁신 3의 비율에서 선택할 수 있다. 생산이나 서비스의 품질과 프로세스 개선이 필요한 부문에서 6시그마를 기획·개발·마케팅했던 것과 같이 창조적 혁신이 필요한 부문에서는 트리즈 혁신을 추진하는 것도 방법이다.

창조는 고정관념과 싸워 이기는 것

80, 90년대까지만 해도 비즈니스맨들에게 요구되는 능력은 다양한 지식과 정보력보다는 성실성이었지만 2000년대에는 디지털 기술의 등장으로 정보와 기술의 발달이 빨라지고 모든 업종이 글로벌 경쟁 체제로 전환되었다. 이제는 어떤 비즈니스를 하든지 간에 기술변화를 따라 잡아야 하고 세계일류기업과 경쟁해서 살아남아야 한다. 그러나 우리가 알고 있는 것은 세상의 모든 지식과 정보의 1%도 못 미친다. 1%도 안 되는 과거의 지식과 정보를 가지고 99%의 비즈니스 문제를 해결하는 것은 불가능하다.

그러므로 1%의 작은 고정관념의 틀에 갇혀 있기 보다는 새로운 변화와 지식, 정보를 받아들여서 새로운 가치를 만들어내는 형태로 사고방식을 바꾸어야 한다. 삼성이나 소니의 엔지니어나 리더가 애플의 그들만큼 재능이나 기술이 부족해서 아이팟iPod처럼 혁신적인 상품을 만들지 못한 것이 아니다. 여러 가지 창의력 기법이 있지만 대부분은 문제해결자가 알고 있는 것을 구체화하거나 재결합하는 정도에만 그칠 뿐 알지 못했던 것까지 발견하게 해주지는 못한다. 분명 아이디어에도 품질Quality이 있으며 그 질적 수준은 다음의 세 단계로 구분할 수 있다.

제1수준은 기능적 아이디어로, 개인이 알고 있는 지식과 경험 안에서 생각을 구조화한 것이다. 이것은 나뿐만이 아니라 다른 사람도 생각할 수 있는 상식적 수준이므로 부서 간에 합의도 쉽게 이루어낼 수 있고 비전문가인 관리자들도 이해할 수 있기 때문에 기업 내에서 결제받기가 쉽다. 그러나 이런 상식적인 아이디어는 내부에서는 통할지 모르나 시장에 나가면 차별화되지 않는 평범한 제품이 되고 만다.

제2수준은 컨버전스 아이디어로, 개인이 알고 있는 지식과 다른 사람이 가지고 있는 지식과 경험을 결합해서 만든 것이다. 기업 내에서 기술, 디자인, 마케팅 등의 다기능팀Cross Function Team을 짜서 서로의 아이디어를 조화시켜 새로운 아이디어를 내는 방식으로 만들어지는데, 역시 참가자들의 고정관념의 한계를 벗어나지 못한 수준에 머무는 것이 보통이다.

제3수준은 창조적인 아이디어로, 개인적인 고정관념과 조직의 타성에서 벗어나 문제의 본질을 해결할 수 있는 이상적인 아이디어이다. 남들이 풀지 못한 모순을 찾아서 이를 해결할 수 있는 최적해Ideal Idea를 만들어내려면 기존의 고정관념에서 탈피해야 한다. 이 단계에서 문제해결자는 자신이 지금까지 알지 못했던 새로운 지식과 정보를 받아들여 문제의 본질을 해결할 수 있는 아이디어를 발상한다.

제 1수준과 제 2수준의 아이디어 발상법은 기존의 지식과 정보를 활용하는 형태이므로 고정관념을 탈피하지 못한다. 제 3수준의 창조적인 아이디어는 자신의 두뇌한계를 넘어 외부의 지식과 정보를 활용, 문제의 본질을 해결한다. 세상을 깜짝 놀라게 하는 혁신적인 아이디어는 제 1, 2수준의 아이디어보다는 제 3수준의 창조적인 아이디어인 경우가 많다.

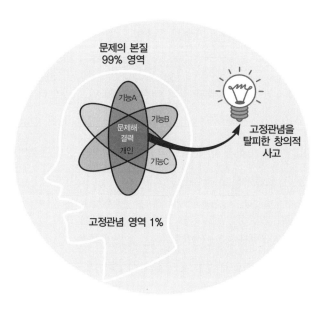

○ 창의적 사고의 과정

특히 MP3 플레이어의 사례는 이 발상법들의 차이를 잘 보여주고 있다. 삼성전자의 옙Yep은 기존의 MP3 플레이어와 비슷한 기능을 가지고 있으나 크기는 작게 하고 비교적 낮은 가격에 공급하자는 아이디어에서 만들어졌다. 그러나 이 제품은 초기의 다른 제품과 차별화되지 않아 국내에서만 조금 판매되었을 뿐 수출은 무리였다. 오디오 엔지니어가 개발한 제 1수준 아이디어 제품이라 할 수 있다.

제 2수준 아이디어로 개발된 제품은 레인콤의 아이리버iRiver이다. 기능은 다른 제품과 비슷하지만 디자인을 프리즘 모양으로 바꾸고 소프트웨어 기능을 추가하여 차별화를 꾀했다. 아이리버의 새로운 디자인은 미국에서도 인기가 높았다. 그러나 곧 제 2수준 아이디어도 제 3수준 아이디어의 제품이 나오면 경쟁력을 잃어버린다는 사실이 증명되었다.

애플의 아이팟iPod은 MP3 플레이어가 오디오 기기라는 고정관념을 깨고 IT 시스템으로 디자인한 제 3수준 아이디어의 결과물이다. 음반을 다운받을 수 있는 소프트웨어를 개발하고 저장 용량을 획기적으로 높였으며 조작이 간편하면서도 디자인이 예쁜 새로운 컨셉의 엔터테인먼트 시스템을 만들었다.

애플은 고정관념에서 벗어나 고객이 무엇을 원하는가에서 출발하였기 때문에 기존의 MP3 플레이어의 설계 개념을 초월한 새로운 발상을 이루어낸 것이다.

그러나 아쉽게도 현대의 거의 모든 기업은 개인의 창의성과는 거리가 먼 세분화된 기능만을 성실하게 수행하고 있다. 이렇게 세분화된 조직에서 주어진 일에만 집중하다보면 제아무리 유능한 직원이라도 시야가 좁아져 코앞에 닥친 일밖에 볼 수 없는 근시안이 되어버리고 만다. 근시안적 사고는 생각의 폭을 좁히고 자신이 알고 있는 지식과 기술의 한도 내에서만 문제해결를 궁리하는 기능 중심적 사고이다.

예를 들어, 알고 있는 지식과 기술의 범위 내에서만 사고하는 엔지니어가 있다. 그는 자신이 몸담고 있는 회사에서 무엇은 되고 무엇은 안 될 것인지를 이미 알고 있다. 그러므로 되지도 않을 일을 기획했다가 실패하면 자신의 평가가 나빠질 것을 예상하고 일반적인 수준의 아이템을 구상한다. 그리고 내부의 아이디어와 기술을 이용하여 몇 번의 시행착오를 거친 후에 내부 능력으로 생산 가능한 제품을 설계한다. 기존의 생산능력으로 감당하기 어려운 제품을 설계하면 효율이 떨어지는 것을 알고 있기 때문에 생산부서와 합의를 전제로 일을 진행하는 것이다. 결국 고정관념의 틀 안에서 제품이 설계되고 표준화된 생산기술로 평범한 제품이 만들어지게 된다.

반면 가치창조형 사고에서 출발한 설계는 프로세스가 다르다. 가치창조형 설계방식은 MIT 대학의 서남표 교수현KASIT 총장가 제시한 공리설계Axiomatic design 방식과 유사하다. 공리설계 방식은 남들이 보지 못한 새로운 고객의 니즈를 발견하는 것에서 출발한다. 충족되지 않는 니즈를 파악하고 그것을 충족시키기 위해 필요한 기능이 무엇인지 분석하는 방식이다. 자신이 알고 있는 지식이나 기술만 이용하여 설계의 개념을 잡는 것이 아니라 외부의 니즈를 파악하고 그것을 해결할 수 있는 최적의 아이디어와 기술이 무엇인지를 정의한다. 고객 니즈를 충족시킬 수 있는 기능설계가 완성되면 이것을 파라미터로 전환하여 구현 가능한 실행 프로세스를 설계할 때 내부 자원으로 이용하기도 하고 필요에 따라 외부자원을 활용하는 방안도 검토한다.

'고객이 무엇을 원하는가'에서 출발한 문제는 고객가치가 창출되기까지의 과정에서 내부, 외부 아이디어와 결합된다. 실제로 일반 기업의 98%가 기능설계형 사고로 일을 진행하고 있으며, 불과 2% 정도만이 가치창조형 사고로 제품을 설계하거나 문제를 해결을 하고 있다. 트리즈는 가치창조형 사고를 돕는 방법과 프로세스를 제공하는 창의력 기법이다.

문제가 발생하면 트리즈는 먼저 모순요소를 찾아내고 천재들의

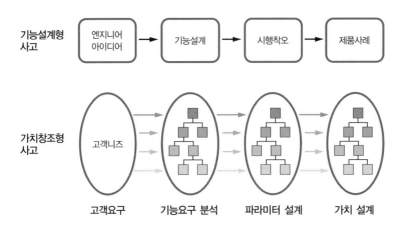

○ 기능설계형 사고와 가치창조형 사고

모순해결방식을 힌트로 제공하여 발상을 자극한다. 그리고 문제를 해결하는 프로세스의 전반에서 고객가치를 만들어 낼 수 있는 혁신적인 아이디어를 이끌어낸다.

창의력은 21세기 핵심인재에게 요구되는 제1의 조건이다. 그러나 창의력이라고 다 같지는 않다. 창의력에는 예술적 창의력과 과학적 창의력, 비즈니스 창의력, 이렇게 세 유형이 있다.

예술가의 창의력은 개인의 상상력과 차별적 표현력이 요구될 뿐 따로 검증받을 필요는 없다. 반면 과학자의 창의력은 뛰어난 아이디어를 기술로 표현한 것으로 과학적 실험을 통해 입증되어야 한다. 이에 비해 비즈니스맨에게 필요한 창의력은 앞의 두 창의력을 모두 합한 특징에다 상업적인 성공이 뒷받침되어야 한다는 조건까지 덧붙는다. 즉 경영 난제를 타계할 역량을 지닌 창의적 인재는 표현력이 뛰어나야 할뿐만 아니라 기술력도 뒷받침이 되어야 하고 시장의 니즈에 맞는 상품이나 서비스로 상업적인 성공까지 거두어야 한다.

창의력이 가장 필요한 사람은 예술가일 것이다. 모차르트가 작곡을 하고 피카소가 그림을 그리고 셰익스피어가 글을 쓰려면 항상 새로운 아이디어가 샘물처럼 쏟아져 나와야 한다. 그러나 예술적 창의력은 예술가 자신의 영감만 예술로 승화시키면 그만이다. 차별화만 할 수 있다면 다른 사람과 상의하거나 동의를 받을 필요가 없다.

다음으로 창의력이 필요한 사람은 과학자일 것이다. 뉴턴이 새로운 연구를 할 때나 아인슈타인이 새로운 발명을 할 때에는 발상전환과 집중력이 필요하다. 과학자는 예술가와 달리 발명이 과학적으로 입증 되어야 한다. 혼자만의 창의성으로는 인정받을 수 없다. 따라서 예술가보다 창의력의 폭은 넓지 않지만 더 깊이 있는 발상을 해야 한다.

다음으로 창의력이 필요한 사람은 비즈니스맨이다. 비즈니스맨은 예술가나 과학자와 달리 새로운 아이디어가 고객에 의해 검증된다. 또한 혼자서 상품을 개발하거나 비즈니스를 영위해 나갈 수 없기 때문에 집단의 공감을 얻을 수 있는 아이디어를 내야 실행이 가능하다. 기업은 무한한 자원을 가지고 운영되는 것이 아니라 제한된 자원과 시간 안에서 창의력을 발휘해야 한다. 아무리 창의적인 아이디어라도 실행되지 않으면 그저 생각에 그칠 뿐이다. 비즈니스 천재들은 새로운 생각을 하고 바로 실행에 옮긴, 아이디어 실행력이 뛰어난 사람들이다.

빌 게이츠나 스티브 잡스는 지속적으로 혁신적인 상품을 만들고 경영 문제도 창조적으로 풀어나가고 있다. 빌 게이츠는 마이크로컴퓨터의 하드웨어가 개발되었다는 잡지기사를 보고 거기에 필요한 소프트웨어를 개발하기 위해 마이크로소프트라는 회사를 만들었다. 하워드 슐츠는 여행을 떠난 이탈리아의 한 까페에서 커피를 마시며 그곳 까페의 모델을 미국에 적용하여 스타벅스를 만들었다. 스티브 잡스는 친구가 만든 작은 컴퓨터 기판에 박스를 입혀서 애플 컴퓨터를 만들었고, 마이클 델은 통신판매의 편리성과 PC의 조립 능력이 결합된 PC 통신판매라는 새로운 비즈니스 모델을 만들어냈다. 과연 이들은 가슴 뛰는 아이디어가 떠올랐을 때 어떻게 했을까?

빌 게이츠는 바로 하버드대학을 그만둔 후 친구들과 함께 소프트웨어 개발에 들어갔다. 하워드 슐츠는 그날 밤 호텔에서 만든 사업계획서를 기반으로 투자를 받을 수 있었다. 스티브 잡스는 친구와 함께 차고에서 사업을 시작했으며 마이클 델도 텍사스의과대학에서의 학업을 접고 소원하던 통신판매사업을 시작했다. 비즈니스 천재들은 가슴 뛰는 아이디어가 떠오르면 바로 실행에 돌입, 현실로 만드는 창조 리더십이 뛰어난 사람들이다.

그러나 현실적으로 직장생활을 하다보면 관리적 사고에 익숙해진 나머지 자칫 고정관념의 노예가 되기 쉽다. 고정관념에 사로잡히는 것은 곧 자신이 사용할 수 있는 두뇌의 메모리 용량을 줄이는 것과 같다. 즉 관리적인 사고에 사로잡혀 일하는 것은 창의력을 저해하는 것이다. 고정관념은 모든 것을 경험에 의해서만 생각하려고 하는 심리적인 타성이나 사고의 다양성을 침해하는 지식의 부족에 의해 형성된다. 다양한 지식은 사고의 폭을 넓혀 주지만 지식의 부족은 사고의 발전을 막는다. 실제 문제는 여러 분야의 지식을 요구하지만 부족한 지식은 다양한 지식을 손쉽게 접근할 수 있는 경로를 차단한다. 새로운 아이디어는 지식과 정보의 충돌을 거쳐 재결합된 것이다.

필자들은 기업체와 공공기관의 간부들과 아이디어 혁신 워크숍을 진행하면서 많은 사람들이 새로운 아이디어를 내는 일을 무척 어려워한다는 사실을 알 수 있었다. 오랫동안 관리적 업무에 익숙했던 사람들은 정해진 방식으로만 일을 하기 때문에 고정관념과 타성에 젖기 마련이다.

창조가 어려운 것은 고정관념이 새로운 아이디어를 내고 도전하는 것을 가로막고 있기 때문이다. 창조적인 아이디어를 내고 그것을 실행하려면 곳곳에 숨어있는 모방 몬스터와 싸워 이겨야 한다. 창조를 방해하는 고정관념은 단계별로 네 마리의 몬스터Monster에 비유할 수 있다. 과제를 설정할 때는 과제 몬스터가, 모순이 발생할 때는 모순 몬스터가, 새로운 아이디어가 필요할 때는 타성 몬스터가, 아이디

고정관념의 유형	특징
과제 몬스터 (Target monster)	지금하고 있는 일의 범위 내에서 문제를 찾고 좋은 평가를 받을 수 있도록 과제를 설정한다.
모순 몬스터 (Paradox monster)	숨은 모순이 무엇인지 찾지 못하거나 모순이 발견되더라도 회피한다.
타성 몬스터 (Inertia monster)	다양성을 인정하지 않고 새로운 것을 거부한다.
실행 몬스터 (Act monster)	새로운 아이디어를 기존의 방식대로만 실행하려고 한다.

🔵 몬스터의 유형과 실행방안

어를 실행할 때는 실행 몬스터가 창의성을 가로막는다.

창조가 모방보다 어려운 것은 이들 네 마리의 몬스터와 싸워 이겨야 하기 때문이다. 여기서 다시 한 번 창조성의 목적을 정리해보자.

- 창조성이란 아무도 생각하지 못한 고객의 문제를 찾아내는 것이다.
- 창조성이란 남들이 풀지 못한 모순을 푸는 것이다.
- 창조성이란 새로운 가치를 만들어내는 것이다.

반면 기업은 모방에 익숙하다. 선진기업들이 상품개발에 성공하면 후발기업은 그것을 빨리 입수하여 비슷한 기능을 갖춘 약간 싼 가격의 상품으로 만든다. 그리고 또 다른 기업이 특정 시장에서 성공했다고 하면 그 시장에 쫓아가서 비슷한 제품으로 경쟁을 한다. 이런 모방전략은 성장세에는 별 문제가 안 되지만 시장이 성숙되거나 오히려 매출이 감소될 때는 기업을 극한 상황으로 내몰 수 있다.

또한 위기상황일수록 기업은 위기의 원인을 외부에서만 찾는 경우가 많다. "경기가 좋지 않으니 어쩔 수 없다"라든지 "정부가 도와줘야 한다"는 데에 해결책을 제시할 수 없다. 내부에서부터 문제를 찾고 창조적으로 해결안을 만들어야 한다. 그래서 기업은 필요에 따라 창조경영 워크숍을 실시하기도 한다.

창조경영 워크숍을 진행하다 보면 많은 기업의 리더와 직원들의 사고와 일하는 방식이 아직도 모방의 세계에 머물고 있음을 발견할 수 있다. 모방에 익숙한 사람들을 창의적 사고를 갖춘 인재로 변화시키기 위해서는 변화관리 프로그램이 필요하다. 품질혁신에는 QC나 6시그마가 유용한 기법이 된 것처럼 생각혁신에 있어서도 적절한 방법론과 프로세스가 필요하다. 이러한 생각에서 필자들은 뜻을 모아 관리적으로 일하는 방식을 창의적으로 전환하는 프로세스를 정립해 냈다. 그것은 다음과 같은 과정을 거치게 된다.

- 목표과제 설정Targeting
- 모순 제거Reducing
- 아이디어 창출Imagination
- 차별화된 실행Zap

창조는 이 각각의 단계에서 만나게 되는 모방 몬스터들, 즉 고정관념과 싸워 이길 때 비로소 실현될 수 있다.

- 목표과제 설정 단계 – 과제 몬스터와의 싸움
- 모순 제거 단계 – 모순 몬스터와의 싸움
- 아이디어 창출 단계 – 타성 몬스터와의 싸움
- 차별화된 실행 단계 – 실행 몬스터와의 싸움

창조적 역량은 모순해결 능력이다

상식적인 수준의 아이디어는 누구나 가지고 있다. 남이 풀지 못한 모순을 풀어야 하는데 많은 사람들이 어려운 모순이 발생하면 회피하려고만 한다. 모순을 회피하면 단편적인 해결안만 제시하게 되어 차별화를 꾀할 수 없다. 관리적인 사람들이 조금만 새로운 일이 발생하면 어찌할 줄을 모르고, 모순이라도 발생하면 이내 회피해 버리는 것에 반해 창의적 인재들은 문제에 직면하여 보통 사람이 풀지 못하는 모순을 풀어낸다.

지난 10년 동안 우리 기업들은 변화와 혁신을 거듭해왔다. 어느 기업이라고 할 것 없이 구조조정과 품질혁신, IT시스템 구축 등 경영에 좋다고 하는 것은 이것저것 다 시도했다고 해도 과언이 아니다. ERP와 6시그마를 추진한 기업들은 상당한 성과를 보았다며 비용절감과 생산성 향상의 효과를 비용으로 환산하여 발표하곤 했다. 그러나 막상 그 회사의 경영실적은 과거 2~3년 전에 비해 눈에 띄게 향상되지 않았다. 그동안 눈에 보이는 혁신은 열심히 해왔지만 막상 기업의 체질개선이나 내부 직원의 혁신은 미미했던 것이다. 기업내부의 경영 데이터는 IT시스템에 의해 빠르게 처리되고 있지만 다른 한편에서는 보고서를 다시 손으로 작업하고 있다. 품질 지표는 날로 좋아지는데 공장은 과거의 생산 방식만 고수하고 있다.

이렇게 기업은 기본적으로 모순 덩어리이다. 기업과 고객은 상품을 사이에 두고 모순과 싸우고 있다. 기업은 적은 비용을 들여 상품을 팔려고 하고 고객은 적은 돈으로 좋은 상품을 사고 싶어 한다. 이처럼 영원히 해결될 것 같지 않은 원천적인 모순을 전제로 경영활동을 하는 것이 기업이다.

프랑스 경영대학원 인사이트의 필립파커 교수는 모순을 해결하는 전략이 새로운 비즈니스 트렌드라며 모순Paradox 전략이 필요하다고 했다. 기업은 무언가 새로운 상품을 시장에 내놓고 판매를 시도하지만 고객은 그것이 무엇인지를 알 리 없고 그것으로 인해 자신이 누릴 편익이 무엇인지도 모른다. 따라서 기업은 열심히 제품을 만들지만 고객은 알지 못하는 모순이 발생한다. 이처럼 꼬리에 꼬리를 물고 발생되는 모순과 문제를 누군가 해결하지 않으면 기업은 생존할 수 없다. 기업의 모순은 외부에만 있는 것이 아니라 내부에도 존재한다. 경영자는 적은 봉급으로 많은 인재를 확보하려 하지만 좋은 인재는 더 높은 급여를 원한다. 경영자는 통제적인 인사관리를 원하지만 직원들은 자율적인 인사관리를 소원한다.

또한 모순은 어느 한 순간 극복했다고 해서 영원히 해결되는 것이 아니다. 시시각각으로 변하는 시장상황과 내부여건은 더 크고 새로운 모순을 몰고 온다. 결국 경영자와 리더의 모순극복력이 기업의 미래를 결정짓게 된다.

시장에서 사라지는 기업들은 자신이 안고 있는 모순이 무엇인지를 모르고 있거나 알면서도 그것을 적극적으로 해결하려 들지 않았기 때문이다. 이렇게 필요한 시기에 적절한 모순해결안을 내놓지 못하면 위기를 맞게 된다.

　창조란 다른 사람이 풀지 못하는 모순을 푸는 것이다. 아직 문제
가 해결되지 않았다는 것은 아직도 숨어있는 모순을 해결하지 못했
다는 의미이다. 모순을 해결하는 방법은 마치 전기電氣의 스파크Spark
와 같다. 플러스 요인과 마이너스 요인이 충돌하여 스파크가 일어나
는 것처럼 상반된 두 요소가 만나 새로운 아이디어가 만들어진다.

　❂ 모순해결 스파크 과정

　조금 더 구체적으로 설명하자면, 전기는 플러스와 마이너스라는
상반된 두 에너지원의 스파크에 의해서 만들어진다. 전구電球는 상반
된 모순을 수용, 에너지로 만들어서 불을 밝힌다. 배터리는 플러스 단

30

자와 마이너스 단자를 함께 가지고 있는 모순 덩어리이다. 즉 배터리는 플러스적 사고와 마이너스적 사고를 함께 가지고 있는데 이것들을 잘 활용하면 에너지로 바꿀 수 있다.

문제의 본질을 잘 파악하여 모순요소를 찾아내고, 상반되는 두 요소가 스파크를 일으키면 문제해결의 아이디어를 만들어낼 수 있다. 트리즈의 모순해결검색엔진은 마치 전기 배터리와 같이 플러스 요인과 마이너스 요인을 충돌시키면서 모순을 해결할 수 있는 새로운 아이디어가 떠오르도록 유도하는 역할을 한다.

창의적 인재는 시행착오를 최대한 줄인다

경험적 사고는 현실적인 문제와 맞닥뜨리면 과거의 지식과 경험을 총동원하여 다양한 해결방법을 모색한다. 이때 좋은 아이디어가 떠올라서 문제를 해결하기도 하지만, 몇 번의 시행착오를 거치거나 경우에 따라서는 해결안을 찾아내지 못하기도 한다.

해결안을 찾아냈다고 하더라도 그것은 문제해결자가 알고 있는 지식 범위 내의 아이디어거나 과거 경험을 통해 체득한 지혜일 따름이다. 더욱이 최적 해결안과는 거리가 멀 가능성이 있다. 또한 최선의 현실적 해결안을 이용하여 몇 번의 시행착오를 거쳐서 최적 해결안을 찾아냈을 때에는 이미 자신이 가지고 있는 모든 자원이 소모된 상태일 수 있다.

트리즈는 문제해결자가 문제의 본질에 접근하여서 최고 수준의 아이디어를 내도록 고정관념을 탈피할 수 있게 만든다. 그리고 그 과제의 내부에 존재하는 모순을 사전에 제거함으로써 과정에서 발생하는 시행착오를 줄여준다. 또한 비즈니스 천재들은 유사한 상황에서 어떤 원리를 적용했는지를 보여주므로 혁명적인 발상전환을 가능하게 한다.

트리즈는 새로운 아이디어가 단순히 아이디어로만 끝나지 않도록 실행에 옮길 수 있는 방법을 제시해준다는 점에서 아이디어를 만들어내는 기술Idea Skill이라고도 할 수 있다.

비즈니스 모순유형과 모순극복 성공사례

기술 부문 모순

P&G는 미국 소비재 시장을 주도하고 있지만 1990년대 후반 성장이 멈추자 CEO를 교체했다. 당시 P&G에는 9천 명의 연구 인력이 있었으며 연간 15억 달러의 연구개발비를 지출하여 2만 개가 넘는 미국 특허를 보유하고 있었지만, 이 중 10%도 상품으로 만들어지지 못했다. 신임 래플리 회장은 저속성장의 문제점을 규명하기 위해 내부조사를 실시한 결과, 보유하고 있는 뛰어난 기술과 많은 특허가 제품 개발에 반영되고 있지 못하다는 모순을 발견했다.

이러한 모순을 해결하기 위해 래플리 회장은 특허 보유 상태를 외부에 공개하고 특허를 시장에서 사고팔게 하였다. 5년 이상된 특허와 자사 제품에 3년 이상 사용된 특허를 외부에서도 쓸 수 있도록 허가한 것이다. 그러자 직원들은 회사의 지적 재산 보유고를 확장하려는 의욕을 보였다. P&G는 특허사용허가로 발생된 수입을 사업부에

환원하여 다른 혁신을 자극하는 데 사용하였고 외부와 협력 개발하는 새로운 개발방식 C&D Connect & Development 을 채택함으로써 상품화에 성공했다.

생산 부문 모순

90년대에는 '보다 싸게, 보다 많이, 보다 빠르게'가 경영 키워드였다. 시대 흐름에 맞추어 삼성전자도 가전 생산을 위해 수원에 대규모 공장을 만들어 컨베이어 시스템 등의 대량 생산시설을 갖춘 결과 낮은 원가로 품질개선을 이루어 세계시장에서 급성장했지만 90년대 들어서면서 브라운관TV 시장이 성숙되면서 생산량 증가의 한계에 부딪혔다.

　　대규모 생산시설을 집중시킨 것이 경쟁력을 갖추는 데에는 도움이 되었지만 글로벌화와 평면TV의 출현이 브라운관TV생산의 걸림돌이 되는 모순이 발생한 것이다. 삼성은 이러한 모순을 해결하기 위해 첫째, 수원에 집중되어 있는 생산시설로 글로벌 시장에 맞게 현지 생산시설을 만들었다. 둘째, 수원 공장 부지를 점차 연구시설로 대체하여 연구인력을 확충하였다. 셋째, 브라운관TV가 평면TV로 바뀌어 갈 것이라고 예측하고 PDP와 LCD TV 기술 개발에 박차를 가했으며 대량생산을 위한 콘베이어 시스템을 소품 다량생산방식인 셀Cell 방식으로 전환했다. 이상의 모순을 해결하기 위한 노력들은 삼성전자가 현재 PDP와 LCD TV 분야에서 세계 최고 수준의 기업으로 성장할 수 있는 원동력이 되었다.

서비스 부문 모순

커피는 17세기부터 재배된 값싼 농산물인데, 어떻게 가공하느냐에 따라서 한 잔에 100원에서부터 몇 만원에 이르기까지 큰 가격 차이를 보인다. 우리나라에도 '다방'이라는 형태로 커피를 서비스하는 업체가 있지만 크게 성공하지 못했다. 재래다방에서는 커피 한 잔을 판매하기 위해 4명이 서비스한다. 여기에는 주문을 받는 직원, 주방에 있는 주방장, 홀 전체를 서비스하는 마담 등의 직책이 있다. 이들은 각자 고유의 영역 안에서 손님에게 서비스를 한다. 손님이 많을 때에는 이들의 할 일이 명확하지만 손님이 없을 때에는 모든 것이 비용으로 발생한다. 커피 값은 싸고 인건비는 비싸다는 모순이 발생하는 것이다.

우리나라 다방은 이 모순을 해결하기 위한 노력을 적극적으로 하지 못했지만 스타벅스는 이 모순을 바리스타Barista라는 커피 전문가를 양성하여 해결했다. 바리스타는 고객이 개별적으로 원하는 메

뉴를 주문 받아서 직접 조제하고 서비스까지 할 수 있는 커피전문가
이다. 스타벅스는 한 달 여의 교육훈련을 통해 바리스타를 양성한다.
바리스타는 커피에 대한 지식, 커피 추출 시간, 고객서비스와 관련해
80시간짜리 교육 프로그램을 이수해야 하며, 신입 바리스타는 선배
의 지도 하에 지속적인 OJT 과정을 거치게 된다. 전문적인 서비스의
이면에 종업원을 가족으로 생각하는 기업철학, 적절한 훈련 프로그
램이 오늘의 스타벅스를 만든 것이다.

마케팅 부문 모순

90년대 말 화장품 회사 태평양은 국내 시장에서는 업계 1위였지만
그 이상 발전하기에는 한계가 있었다. 태평양은 1988년부터 프랑스
시장에 진입하기 위해 국내에서 판매되던 '순純' 화장품을 현지 대리
점에서 판매하였다. 하지만 '순純'은 프랑스에서는 약용으로 인식되
어 약국에서 판매되었고, 그나마 판매를 담당했던 대리점마저 파산
하여 태평양의 첫 프랑스 진출은 실패에 그쳤다.

　　태평양은 프랑스 여인의 사랑을 받으려면 프랑스식의 화장품을
만들어야 한다며 한국에서 판매하던 화장품을 그대로 프랑스에 판매
하려던 기존의 생각을 바꾸었다. 또한 프랑스풍의 향수를 만들려면

프랑스 사람이 기획하고 마케팅해야 한다고 생각하고 1995년 프랑스의 크리스찬 디오르의 국제마케팅 이사였던 카트린 도팡을 영입했다. 이어 도팡은 프랑스 최고의 패션디자이너의 브랜드 이미지를 상품화해야 한다는 데에 착안, 패션디자이너 롤리타 렘피카Lolita Rempicka를 발굴했다.

❂ 태평양이 프랑스에 출시한 롤리타 렘피카 향수

그리하여 태평양은 '롤리타 렘피카'라는 디자이너 이름을 브랜드명으로 한 롤리타 렘피카 향수 회사PLL를 프랑스에 설립했고 프랑스 현지법인의 자율성을 최대한 보장했다. 또한 제품개발, 생산, 광고, 판매의 모든 것을 현지법인에 일임했고 국내 관리자도 1~2명만

파견했다. 현지법인의 사장이 된 도팡은 브랜드 컨셉이 정해지자 향의 개발과 패키지 디자인에 들어갔다. 그리고 어린 시절 추억을 되살리는 듯한 감초 꽃향과 성숙하고 관능적인 이미지의 오리엔탈 플로랄향이 조화를 이룬 향을 탄생시켰다.

1997년 4월 롤리타 렘피카 향수가 파리에서 첫선을 보였다. 만반의 준비를 갖추고 프랑스 시장에 선보인 이 프랑스풍의 향수는 출시 직후 선풍적인 인기를 모았다. 단일 제품으로 시장점유율이 1%가 넘으면 성공으로 간주되는 프랑스 향수시장에서 롤리타 렘피카는 1998년 1월에 1%를 넘어서더니, 2001년에는 2%, 2004년에는 2.8%를 넘어서 프랑스 향수시장에서 4위를 차지했다.

리더십 부문 모순

과거의 피라미드형 조직은 관리자Manager가 여러 사람의 부하직원을 관리하는 체제로 운영되었으나 최근 들어 기업 조직이 네트워크 형태로 바뀌면서 미래를 예측하여 새로운 방향을 설정하고 조직의 변화와 혁신을 자극하여 새로운 목표를 달성하는 리더의 역할이 요구되고 있다. 그러나 오랫동안 아날로그 방식에 익숙해진 리더들은 디지털에 익숙한 신세대의 요구에 적극 대응하지 못하는 모순을 안고 있다.

수능 e-러닝 회사인 메가 스터디의 손주은 사장은 강남구 대치동에서 대입 수능 사회탐구영역을 가르치던 학원강사였다. 그는 대입을 준비하는 학생들에게 인기가 높은, 소위 잘 나가는 인기강사였다. 그러던 손주은 사장은 마침내 높은 인기에 힘입어서 인기강사들을 영입하여 수능학원을 만들었다. 그러나 당시 대입제도가 갈수록 복잡해져 대치동 학원들은 점점 인기가 높아지고 있었지만 전국의 수요를 감당할 수 없는 어려움을 겪게 되었다.

이때 손주은 사장은 e-러닝에 주목하였다. 학원강사는 아무리 인기가 있어도 한 강의에 수백 명밖에 수용할 수 없지만 인터넷을 이용하면 전국의 수만, 수십만 명이 공간의 제약을 받지 않고 대치동 인기강사의 강의를 들을 수 있었다. 그러나 인기강사들은 자신의 강의가 인터넷에 올라가면 수강생이 줄어들 것을 우려하여 인터넷 강의를 거부했다. 이러한 반응에 굴하지 않고 손주은 사장은 과감히 수익을 배분하는 정책으로 인기강사들을 끌어들였다. 결국 대입 e-러닝 사이트가 만들어졌고 이것이 오늘날의 메가스터디는 시발점이 되었다. 손주은 사장은 아날로그 시대에 인기학원강사였지만 디지털의 트렌드를 읽고 빠르게 변신하여 수능 e-러닝 시장을 개척했다. 결과적으로 리더의 새로운 방향제시와 과감한 변신은 메가스터디를 월 100억 원의 매출을 올리는 회사로 성장시켰다.

CHAPTER

창조의 기술, 트리즈

러시아 옛 소비에트 연방의 10대 소년이 특허를 취득하였다. 소년의 이름은 겐리히 알츠 슐러Genrich Altshuller, 자신의 아이디어를 기술적 특성으로 바꾸어 특허를 취득하는 방법을 알고 있었다. 그후 그는 해군에 입대하여 특허 부서에서 근무하게 되었다. 그러던 어느 날 선박의 용접 부서에서 특허와 관련된 기술적 문제를 해결해 달라는 의뢰가 들어왔고 알츠 슐러는 뛰어난 지혜로 문제를 해결해 주었다. 그런데 3개월 후, 잠수정과 관련한 고질적인 문제가 재발하였고 알츠 슐러는 그 문제가 바로 3개월 전 선박의 용접 부서에서 해결했던 문제와 해결법이 일치한다는 것을 알게 되었다. 그래서 단번에 그 문제를 해결한 알츠 슐러는 해군에서 유명해지기 시작했고, 2개월이 지난 후 구축함의

함포에 관한 기술적인 문제를 앞의 문제들과 같은 원리로 해결해냈다. 결국 알츠 슐러는 문제해결에 대한 계속된 기여로 표창까지 받았고, 다시 '창의적 문제해결에 어떤 공통된 원리가 있지 않을까' 하는 고민을 시작했다.

이후 그는 1946년부터 1963년까지 17년 동안 러시아 특허 20만 건을 읽고 분석하였다. 20만 건의 특허가 가지는 공통적인 요소가 무엇인가, 일정한 규칙에 대해 생각했다. 그리고 드디어 20만 건의 90%에 달하는 18만 건 정도를 분석한 후 하나의 원리를 찾아냈다. 천재들이 만들어낸 특허는 분야와 유형은 달랐지만 '남들이 해결하지 못한 모순Paradox을 해결했다'는 공통점이 있었다.

마침내 그는 모든 기술 시스템의 진화를 지배하는 객관적인 법칙이 존재한다고 믿고 이들이 모순을 해결한 원리를 객관적인 법칙으로 정리하여 트리즈TRIZ, Teoriya Reshniya Izobretatelskikh Zadatch를 개발하였다. 트리즈는 '창조적 문제해결 이론'이란 뜻의 러시아어 약자로 영어로는 'Theory of Inventive Problem Solving'이라고 풀이된다.

실행방안을 담보하는 창조의 기술

50년 전 알츠 슐러가 트리즈의 원리와 구조를 생각했을 때에는 매트릭스Matrix 개념을 도입하여 모순해결 매트릭스Contradiction matrix를

만들었다. 매트릭스 개념은 두 개의 파라미터Parameter를 매트릭스에
대입하여 파라미터가 교차되는 점에 해결원리가 튀어 나오게 하는
것이다.

이러한 아날로그 사고를 디지털 사고로 전환하면 모순해결 매트
릭스는 모순해결검색엔진Search engine이라고 할 수 있다. 인터넷 검색
엔진에 키워드를 집어넣으면 답을 찾아주는 것처럼 모순해결검색엔
진에 파라미터를 대입하면 해결원리를 찾아준다. 문제해결자는 모순
해결검색엔진이 찾아준 해결원리를 보면서 응용할 수 있는 새로운
아이디어를 낼 수 있다.

트리즈는 새로운 아이디어의 발상에 도움을 주지만 그 아이디어
가 실행에 옮겨질 수 있도록 실행방안을 만들어 준다는 점에서 창조
의 기술이라고 할 수 있다.

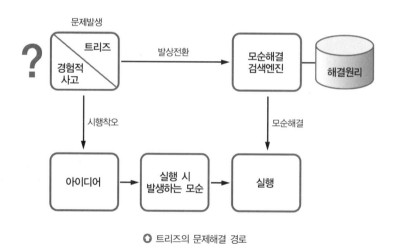

○ 트리즈의 문제해결 경로

천재들의 아이디어 패턴을 찾아라

트리즈가 다른 창의력 기법보다 우수한 것은 최고 수준의 아이디어들의 패턴을 분석하여 데이터베이스를 만들어 놓아서 객관적인 해결방안을 찾아볼 수 있기 때문이다.

알츠 슐러는 새로운 발명을 하기 위한 기술요소를 파라미터로 정의하였고 이들 요소 중 어느 한 요소가 월등해지면 그 반대로 불리해지는 요소가 있다는 모순을 발견했다. 우수한 발명이 되려면 이 모순요소를 함께 해결할 수 있는 아이디어가 필요하다. 알츠 슐러는 우수한 특허에서는 이러한 모순을 어떻게 해결했는지 쉽게 찾아볼 수 있도록 하고 싶었다. 그래서 어느 한 요소를 향상시키고자 할 때 반대로 불리해지는 요소를 매트릭스 형태로 구성하여 모순해결 매트릭스를 만들었다. 그 결과 수많은 특허에는 기술적 표현 방법만 다를 뿐

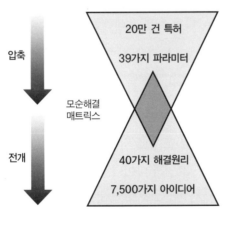

⬆ 모순해결 매트릭스의 원리

몇 가지 기본적인 변수들이 적절하게 상충되어 있다는 것을 알게 되었다. 그는 이 기술적 변수를 39개로 패턴화하여서 매트릭스의 X, Y 축으로 삼았다. 매트릭스의 한쪽 축은 개선되는 파라미터를, 다른 축은 감소되는 파라미터로 하였다.

39개의 X축과 39개의 Y축으로 이루어진 모순해결 매트릭스는 1,521개의 셀cell로 만들어져 수많은 성공 아이디어의 원리를 압축하고 있다. 매트릭스에 만들어진 1,521개의 셀에는 해당되는 케이스를 해결할 수 있는 해결원리 40가지도 패턴화하여서 대입했다. 모순해결 매트릭스의 각 셀에는 4~5가지의 해결원리가 적용되어 있다. 결국 한 장으로 만들어진 모순해결 매트릭스는 약 7,500개의 해결 아이디어를 담고 있는 것이다.

앞에서 말했듯이 모순해결 매트릭스는 디지털 개념으로 보면 모순해결검색엔진이기도 하다. 이 모순해결검색엔진의 한쪽 축은 유익한 요소개선되는 파라미터, 다른 축은 유해한 요소감소되는 파라미터로 이루어져 있다. 유익한 요소는 플러스 작용(+)을 하고 유해한 요소는 마이너스 작용(-)을 한다. 대부분의 경우는 아이디어를 낼 때 하나의 요소만 해결하려고 하는 데에 비해 트리즈에서는 플러스 요소와 마이너스 요소를 동시에 충족시킬 수 있는 아이디어를 원한다. 모순해결 매트릭스를 통하여 플러스 요인과 마이너스 요인이 충돌될 때 생기는 스파크 현상을 유도하여 새로운 아이디어가 만들어지는 것이다. 그리고 바로 모순해결 매트릭스의 개선되는 파라미터와 감소되는 파라미터가 만나는 셀에 해결원리가 제시되어 있다.

먼저 개선하고자 하는 변수, 파라미터를 선택하고 그 변수가 개선됨으로써 감소되거나 나빠지는 모순요소를 찾는다. 다음의 그림과 같이 두 축이 만나는 셀에 들어 있는 해결원리가 이 모순점을 해결할 수 있는 아이디어이다.

그림의 예를 보면 '고정된 물체의 무게'를 증가시키면 '움직이는 물체의 면적'이 늘어나는 모순이 생긴다. 이때 모순해결검색엔진은 이 모순을 해결할 수 있는 해결원리로 '10번, 1번, 29번, 35번'을 제시해 준다.

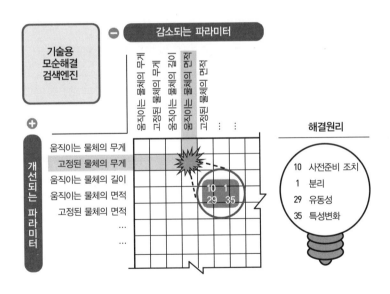

○ 모순해결검색엔진을 통한 모순해결 사례

트리즈의 유용성은 이 모순해결검색엔진을 잘 이용하는 데 있다. 모순해결검색엔진을 이용하면 문제해결자가 해결하려는 과제와 비슷한 유형의 문제를 아이디어 천재들은 어떻게 해결했는지 쉽게 확인할 수 있다.

트리즈는 파라미터만 설정하면 자신의 상황에 맞는 맞춤 해결방안을 제시해 준다. 해결원리를 추천받고 나면 그때부터 자신의 상상력과 창의력을 발휘하여 이상적인 해결안을 찾아낼 때까지 여러 가지 생각을 해야 한다. 이 과정이 어렵다고 모순해결검색엔진을 활용하지 않는다면 모순을 해결하는 트리즈의 장점을 십분 활용하지 못하는 것이다.

필자들은 문제해결자가 이 모순해결검색엔진을 보다 간편하게 이용할 수 있도록 인터넷으로 이용할 수 있는 웹사이트www.TRIZpedia.com를 개발했다.

트리즈 vs. 트리즈 아이디어

트리즈의 개발자인 알츠 슐러는 1964년에 트리즈를 발표했다. 처음 고안되었을 때 트리즈는 16가지의 모순요소와 31가지의 해결원리로 구성된 것이었으나 1971년에 오늘날의 형태와 같이 39가지의 모순요소와 40가지의 해결원리를 갖춘 형태로 만들어졌다. 이것이 모순을 해결을 할 수 있는 트리즈의 원형모델이다. 알츠 슐러는 이후에도 효과Effect, 자기장 원리, 알리츠ARIZ 등의 기법을 트리즈에 추가하였고, 알츠 슐러의 후계자들은 이 기법을 성실히 배워서 트리즈 전문가를 양성했다.

트리즈 전문가가 되기 위해서는 트리즈의 모든 기법들을 다 배워야 하겠지만 일반인들에게는 너무 어려운 수준이다. 모순해결을 위한 기법은 뛰어나지만 기술 용어가 많고 사례 또한 엔지니어링적인 요소가 많아서 일반인들은 쉽게 받아들일 수 없을 것이다. 기술 분야에서 발명가 수준의 엔지니어가 되려면 트리즈의 모든 기법을 다 이해하면 좋겠지만 비즈니스맨이나 일반인들은 기초 수준의 모순해결 기법만 이해해도 트리즈를 효과적으로 활용할 수 있다.

필자들은 일반인들도 모순해결법을 활용할 수 있도록 창의적인 발상을 통해 새로운 가치를 창조해내는 프로세스를 만들고 이를 '트리즈 아이디어TRIZ idea'라고 하였다. 트리즈가 창의적 문제해결 기법들의 묶음이라면 트리즈 아이디어는 가치창조를 위해 새로운 아이디어를 창출하고 실행 시 생기는 모순을 해결해 나가는 프로세스이다.

아무리 뛰어난 아이디어라도 실행에 옮기다보면 새로운 모순이 발생되기 마련이지만 대부분의 경우 쉽게 간과한다. 뛰어난 아이디어라고 생각하여 제품 생산에 착수하지만 생산기술이 따르지 못하는 모순이 발생할 때도 있다. 간신히 제품은 생산했지만 가격이 너무 비싸서 시장에서 판매가 이루어지지 않는 모순도 있다. 트리즈 아이디어는 이렇게 실행 시에 발생할 수 있는 모순을 사전에 예측하여 해결할 수 있도록 아이디어를 만드는 프로세스이다.

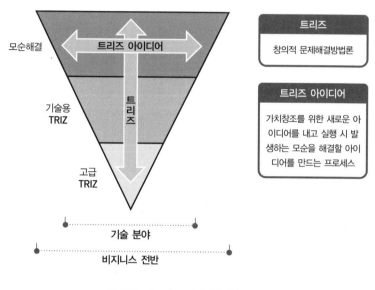

트리즈
창의적 문제해결방법론

트리즈 아이디어
가치창조를 위한 새로운 아
이디어를 내고 실행 시 발
생하는 모순을 해결할 아이
디어를 만드는 프로세스

모순해결

트리즈 아이디어

기술용
TRIZ

트
리
즈

고급
TRIZ

기술 분야

비지니스 전반

⊕ 트리즈와 트리즈 아이디어 활용 범위

맞춤형 문제해결 기법, 트리즈 아이디어

트리즈가 끊임없이 진화하고 있는 것은 창안자인 알츠 슐러가 라이
선스를 고집하지 않았기 때문이다. 그는 여러 사람이 널리 이용하라
는 의미에서 트리즈의 모든 노하우를 공개했다. 다른 사람들이 트리
즈를 업데이트할 수 있도록 문을 열어둔 것이다. 마치 컴퓨터 운영 시
스템의 리눅스Linux 처럼 소스코드가 공개되어 있어 여러 사람이 그

것을 업데이트해 나갈 수 있도록 되어 있다.

트리즈는 50여 년 전에 러시아구소련에서 개발되었기 때문에 초기의 트리즈는 대부분의 사례가 기초과학 수준에 머물러 있다. 트리즈 전문가들은 이러한 약점을 보완하기 위해 추가적으로 이론을 보완하고 부분적인 수정을 거듭하였다.

독일 트리즈 아카데미의 올로프 박사는 기술용 파라미터와 매트릭스를 현대적 입장으로 수정하였다. 비즈니스 분야에 응용할 수 있도록 기여한 사람은 영국 배스 대학의 다렐만이다. 그는 2003년에 39가지 기술용 파라미터를 31가지의 비즈니스용 파라미터로 변환하여 비즈니스용 모순해결 매트릭스를 만들었다. 그러면서 이 모순해결 매트릭스와 함께 40가지 해결 원리도 비즈니스 사례에 맞도록 수정하였다.

비즈니스용 모순해결 매트릭스가 만들어진 이후로 각종 비즈니스 문제의 해결에 트리즈 원리를 적용할 수 있게 되었다. 다렐만이 비즈니스용 모순해결 매트릭스를 만든 이후로 트리즈의 비즈니스 응용이 증가했지만 아쉬운 점은 이 모순해결 매트릭스가 아날로그 형태의 제조업에 적합하도록 만들어졌다는 것이다.

이 점을 안타깝게 여겨오던 필자들은 트리즈가 창의력 개발에 보다 폭넓게 이용될 수 있도록 새로운 모순해결 매트릭스를 개발하기로 했다.

다렐만이 개발한 비즈니스 파라미터에는 최근 기업 활동 중에서 가장 활발히 전개되고 있는 마케팅 요소가 빠져있는 것을 감안, 4개의 마케팅 변수를 추가하여 35가지 파라미터를 완성했다. 또한 서비스업의 용어적 친근감을 느끼게 하기 위해 서포트Support 변수 4개를 서비스Service로 수정하였다.

이렇게 수정된 모순해결 매트릭스에 우리는 모순해결검색엔진 Contradiction Search Engine이라는 이름을 붙였다. 트리즈 아이디어는 이용자의 문제상황에 따라 검색엔진을 이용해서 최적 아이디어를 찾아주고 새로운 해결책을 만들도록 도와준다는 점에서 상황맞춤형 문제해결기법이다. 그리고 이 상황맞춤형 문제해결 프로세스는 아이디어 검색엔진을 이용한다는 점에서 다른 창의력 기법과 차별화된다.

지금까지 트리즈의 기원과 차별성, 그리고 트리즈를 이용함으로

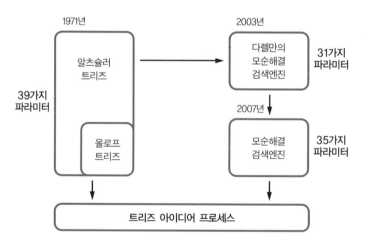

○ 트리즈의 변천 과정

50

써 문제해결자가 누릴 수 있는 혜택에 대해 알아봤다. 2장에서는 트리즈 아이디어를 이용하여 새로운 아이디어를 창출하는 과정을 설명하고 각 단계에서 이용되는 툴Tool을 소개하도록 하겠다.

TRIZ CASE O2

트리즈 아이디어 프로세스

트리즈 아이디어 프로세스

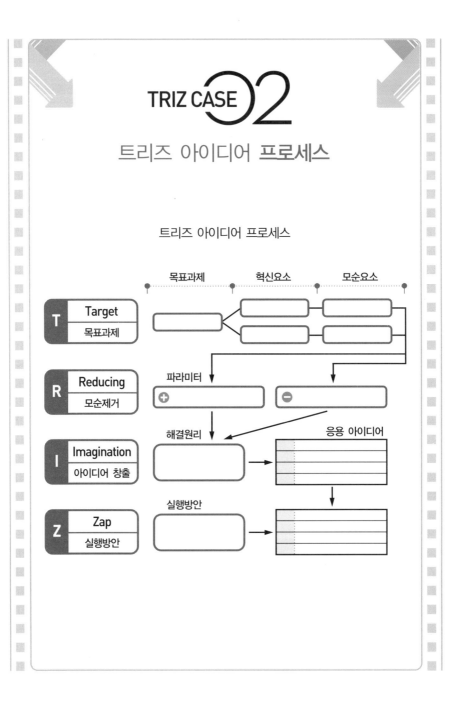

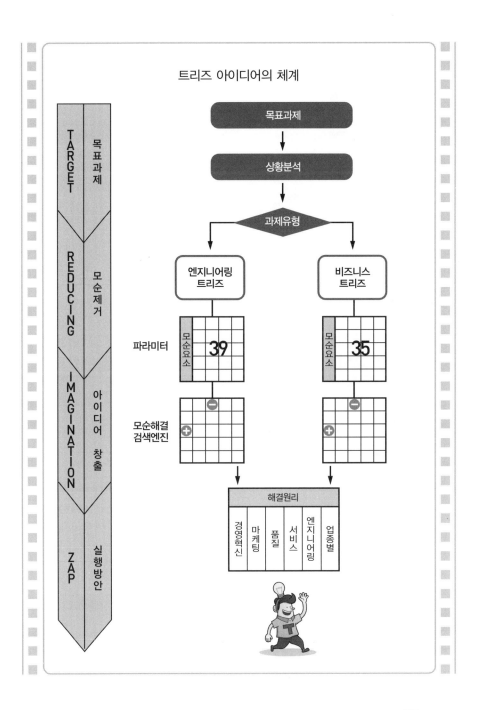

트리즈 아이디어의 체계

PART 02

Process

창조적 리더의 **생각의 지름길 찾기**

아직도 많은 사람들은 창의성이 후천적인 학습을 통해
발전할 수 없다고 알고 있다. 그러나 누구나 창의적인 사람이 될 수 있다.
창의성은 프로세스를 통해 학습이 가능하다.

– 겐리히 알츠 슐러, 트리즈의 창안자 –

Targeting, 목표과제를 설정하라

트리즈 아이디어는 다음의 4단계를 거쳐 새로운 아이디어를 내고 실행할 수 있도록 되어 있다.

T 목표과제 (Targeting)

R 모순제거 (Reducing)

I 아이디어 창출 (Imagination)

Z 실행방안 (Zap)

첫 번째 단계에서는 고객가치를 증가시킬 수 있는 가치혁신포인트VIP, Value Innovation Point를 목표과제로 선정Targeting 한다. 목표상황에 맞는 적절한 모델링Modeling을 하는데, 기술 문제인지 비즈니스 문제인지에 따라 트리즈의 어떤 모델을 쓸 것인지를 결정한다.

두 번째 단계는 모순을 제거하는Reducing 과정으로 목표과제가 안고 있는 모순요소를 찾아내어 이것을 해결할 수 있는 파라미터를 설정한다. 모순해결을 위한 파라미터가 설정되면 이를 모순해결검색엔진에 대입한다.

세 번째 단계는 아이디어를 창출하는Imagination 단계로, 문제해결자는 해결원리를 보고 새로운 아이디어를 상상해야 한다. 모순해결검색엔진은 문제해결자가 처한 상황과 유사한 문제를 천재들은 어떻게 해결했는지 찾아주지만 이것이 완벽한 답은 아니다. 문제해결자는 해결원리에 맞는 아이디어 사례들을 보면서 자신의 문제를 해결할 수 있는 새로운 아이디어를 상상해야 한다.

네 번째 단계에서는 실행방안Zap을 마련해야 한다. 새로운 아이디어가 나오면 그것이 실무적으로 실행 가능한 것인지를 검증해야 한다. 해결원리를 응용해서 나온 새로운 아이디어가 자신의 상황에 맞게 실행되려면 어떻게 해야 하는지를 생각하고 실행방안을 마련한다.

삼성의 이건희 회장이 '창조경영의 대표상품'이라고 인정한 삼성전자의 보르도TV도 트리즈로 모순을 해결하여 이루어낸 창조물이다. 트리즈 아이디어 프로세스의 이해를 돕기 위해 TV사업을 시작한 지 34년 만에 삼성전자를 세계시장 1위로 만든 보르도TV의 사례를 들어 다음의 4단계를 함께 풀어보도록 하겠다.

가치혁신포인트를 찾아라

트리즈는 사고법이자 문제해결 기법이다. 따라서 과제선정이 명확하지 않거나 문제가 잘못 설정되면 좋은 해결안이 나올 수 없다. 화살을 쏠 때 목표와 방향을 잘못 설정하면 엉뚱한 곳으로 날아가는 것과 같다.

삼성전자는 브라운관TV가 많이 생산되던 시절부터 업계의 후발자로서 싸고 품질 좋은 TV를 만드는 데에 주력해왔다. 그러던 중 PDP와 LCD 기술개발에 성공하자 평면TV 시장의 선두주자로 나설 기회를 잡기 위해 고군분투하게 된다. 그러던 2005년 봄, 삼성전자는 '삼성만의 모습을 가진 디자인 아이덴티티를 지속적으로 개발해 디자인 독창성을 확보하자'는 취지로 그해 7월 이른바 태스크포스TF를 구성, 본격적인 기술개발에 착수하게 된다.

단순한 아이디어에만 그치는 것이 아니라 문제해결에 목적이 있다면 그동안 사용해오던 사고법으로는 불가능하다. 기존의 사고법들은 현재 조직의 내부에서 해결하지 못하는 현상을 그대로 연장하는 아이디어밖에 낼 수 없는 한계가 있다. 트리즈는 근본적인 문제를 해결하는 사고법이므로 문제해결의 과제를 선정할 때에 가치혁신포인트VIP, Value Innovation Point를 찾아야 한다.

가치혁신포인트는 혁신과제를 선택할 때 주로 사용되는데 '고객의 가치는 무엇이며 그것을 어떻게 충족할 것인가'라는 의문에서 시작된다. 즉 피상적인 문제해결을 피하려면 내부에서 현재 진행되고 있는 일의 과제를 찾는 것이 아니라 가치증진을 저해하는 모순을 찾아야 한다는 것이다.

가치창조포인트를 부문별로 정리하면 다음과 같다.

- 전사: 고객 가치창조
- 기술: 기술 창조, 디자인 창조
- 비즈니스: 스피드 창조, 경쟁력 창조
- 마케팅: 고객창조, 감동창조

다음으로 가치혁신포인트를 찾으려면 어떻게 해야 할까? 다음과 같은 질문을 자문해보자.

- 고객은 누구인가?
- 고객의 니즈가 무엇인가?
- 고객의 요구Requirement는 무엇인가?
- 고객가치를 증가시키려면 무엇을 혁신해야 하는가?

삼성전자 상품기획팀 태스크포스는 수차례 시장조사를 반복하여 소비자들은 단순히 기술적으로 뛰어난 TV보다 '가구와 같은 외형의 제품을 원한다'는 결론을 내리게 된다. 그들이 찾은 가치혁신포인트는 '가구 같은 TV'였던 것이다.

가치창조를 위한 '혁신과제'를 찾아라

가치혁신포인트를 찾았다면 '새로운 가치를 창조하기 위해서는 어떤 점을 혁신해야 하느냐' 하는 관점에서 목표과제를 선정해야 한다. 앞에서도 강조했지만 혁신과제의 발굴은 내부에서 현행되고 있는 것에서부터 찾아서는 안 된다. 모순 때문에 이제껏 해결하지 못했던 것에서 새로운 과제를 찾아야 한다.

시장조사를 통해 삼성전자는 소비자의 감성을 자극할 수 있는 혁신과제를 '가구개념의 TV만들기'로 정립했다. 목표과제가 선정된 다음에는 이 목표를 달성하기 위해 무엇을 혁신해야 하는지를 생각해봐야 한다. '무엇을 바꾸어야 문제가 해결될까' 하는 문제에 중점을 둔다면 혁신요소를 어렵지 않게 찾을 수 있을 것이다.

가구 같은 TV는 어떤 것일까? 디자인을 아름답게 하기 위해서는 벽걸이 형태의 설치방식에 변화를 주어야하는 과제가 남아있었다. 당시만 해도 40인치 정도의 평면TV는 벽에 부착하는 방식으로 만들어졌기 때문에 새로운 형태의 TV를 개발하기 위해서는 혁신적인 아이디어가 필요했다.

모순요소를 찾아라

혁신요소를 실행함에 있어서 발생되는 기술이나 자원, 시간, 인력 상의 문제점을 모순요소라고 한다. 트리즈는 이 모순요소를 해결하여 목표과제가 실현될 수 있는 새로운 아이디어를 제공하는 원리의 문제해결법이므로 모순요소를 정의하는 것은 해결안을 찾는 데에 매우 결정적인 영향을 미친다.

모순을 해결하기 위해서는 먼저 모순을 정의해야 한다. 모순요소를 찾기 위해서 다음의 물음에 답해보자.

- 무엇을 변화시킬 것인가?
- 어떤 방향으로 변화시킬 것인가?
- 어떻게 변화시킬 것인가?

위의 과정들을 도표로 정리하면 다음과 같다.

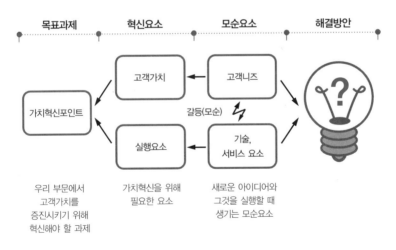

🔘 모순해결 프로세스

보르도TV를 만든 삼성전자 TF팀에게 모순요소는 무엇이었을까? 벽에 걸어야만 설치될 수 있는 대형 평면TV의 설치방식과 이동 가능한 아름다운 디자인의 가구 같은 TV라는 컨셉은 분명 함께 해결될 수 없는 모순요소였다. 그렇다면 이 모순요소는 어떻게 해결되었던 것일까?

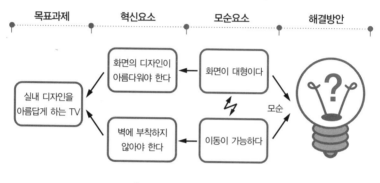

🔆 보르도TV의 모순해결 과정

Reducing, 모순을 제거하라

모순요소를 상황변수로 변환하라

새로운 변화를 시도할 때에는 기술, 자원, 인력, 시간 등에서 제약요소가 생기게 되고 이 일을 실행하게 되면 모순요소가 발생한다. 모순은 복잡하고 어려운 개념이 아니다. 일례로 S라인을 만들고 싶지만 맛있는 것을 보면 먹고 싶어지는 여성들도 모순에 부딪혔다고 할 수 있다. 기업은 싸게 만들어서 비싸게 팔고 싶은 모순을 안고 있고 반대로 소비자는 싼 가격에 좋은 물건을 사고 싶은 모순의 유혹에 빠지게 된다.

기업에서 일반적으로 발생하는 모순상황을 정리해보면 다음과 같다.

- 기술: 개발기간을 단축하면서 개발력을 높인다.
- 품질: 가격을 낮추면서 품질을 높인다.
- 프로세스: 비용 증가 없이 스피드를 향상시킨다.
- 마케팅: 영업망을 증가시키지 않으면서 매출을 높인다.
- 서비스: 인력 충원 없이 서비스를 향상시킨다.

과거에는 품질이 좋아지면 가격이 비싸지는 것을 당연하게 여겼지만 최근에는 좋은 품질의 제품을 싸게 공급하는 기업들도 있다. 이러한 것들이 모순을 해결한 사례이다. 이들은 어떻게 모순을 해결했을까? 모순을 해결하기 위해서는 상식을 뛰어넘어야 한다. 남들도 생각할 수 있는 보편적인 아이디어로는 문제를 해결할 수 없는 반면 창의적인 아이디어는 남들이 풀지 못한 모순을 해결할 수 있다.

앞에서 모순요소를 정의하는 것까지 살펴봤다. 모순요소를 정의하고 모순해결검색엔진에서 해결원리를 찾기에 앞서 우선 문제를 트리즈의 상황변수로 전환해야 한다.

예를 들어 공급가격을 유지하면서 생산원가를 낮추어야하는 모순을 안고 있는 기업이 있다면 35가지 비즈니스 파라미터 중에서 '공급가격을 유지한다'와 '생산원가를 낮춘다'를 대변할 수 있는 파라미터를 찾는다. '공급가격을 유지한다'를 비즈니스 파라미터로 바꾸면 '12번 공급비용'이 되고 '생산원가를 낮춘다'는 '7번 생산비용'이 된다.

파라미터는 특정 기술이나 제품의 기능을 이루고 있는 변수이거나 경영에 영향을 미치는 요소의 상황변수이다. 이 상황변수는 모순 해결검색엔진의 해결원리를 도출해내는 두 개의 키워드가 된다. 하나는 X축의 키워드이고 다른 하나는 Y축의 키워드로써 이 두 개의 키워드가 동시에 교차하는 지점에 해당 셀이 열린다.

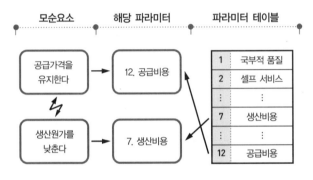

○ 모순요소의 파라미터 전환 사례

비즈니스 트리즈에서 경영에 영향을 주는 상황변수는 다음과 같이 R&DResearch & Development, 생산Production, 공급Supply, 서비스 Service, 마케팅Marketing, 시스템 요인, 심리적 요인, 이상의 5가지이다.

이상의 상황변수들의 하부요인을 포함한 비즈니스 파라미터는 총 35가지로, R&D 하부요인 5가지, 생산 하부요인 5가지, 공급 하부요인 5가지, 서비스 하부요인 5가지, 마케팅 하부요인 7가지, 시스템 하부요인 6가지, 심리적 하부요인 2가지로 구성되어 있다. 그 구

R&D (Research & Development)

제조업뿐만 아니라 서비스업에서도 기술력은 신제품 개발에 중요한 영향을 미친다. 기술력 향상, 개발기간 단축, 저비용으로 R&D의 성공률을 높이려면 어떻게 해야 할까?

생산 (Production)

기업은 제품의 생산을 통해 소비자와 만나게 되므로 생산능력의 확보는 경영의 주요소가 된다. 비용을 줄이면서 우수한 품질을 만들 수 있는가, 생산시간을 단축하면서 다양한 생산방식을 활용할 수 있는가가 여기에 해당된다.

공급 (Supply)

시장과 공장은 지리상으로 분리되어 있으므로 상품이 시장에 공급되는 공급망과 공급방법은 경영에 많은 영향을 미친다. 공급망, 공급지역, 공급품질을 유지하면서 생산비용과 제품이 완성되는 데에 드는 시간을 단축시켜야 한다.

서비스 (Service)

상품 간의 격차가 좁아지면서 제조업의 경우도 서비스가 중요해지고 있다. 애프터서비스, 사전서비스가 여기 해당된다. 서비스업의 경우는 서비스 품질과 프로세스의 개선, 시간과 비용의 절감 등을 고려해야 한다.

마케팅 (Marketing)

기업의 내부 활동만으로는 시장에서 성공할 수 없다. 외부와의 연결기능과 판매촉진방안을 포함한 마케팅의 역할이 중요하다. 다렐만의 모델에는 이 부분이 누락되어 있지만 비지니스 파라미터에서는 마케팅과 리더십 부문에서 이용된다.

시스템 요인

내부 커뮤니케이션, 외부와의 정보 교류 등이 경영 활성화에 미치는 영향이 늘고 있다. 조직이 확장되거나 빠른 성장을 추구할 때 시스템이 갖추어져있지 않으면 의도하지 않았던 반작용이 일어날 수도 있다.

심리적 요인

앞의 기능적인 특성에는 분류되지 않는 심리적인 요인이 여기에 해당된다. 조직원의 내부 긴장이나 고객의 편의성 등이 모순요소로 작용될 수 있다.

○ 비즈니스에 영향을 미치는 상황변수

체적인 내용은 이 책의 뒷부분에 수록된 〈부록 2〉에서 확인할 수 있다. 우선 앞의 표에서 5가지 상황변수의 의미를 개괄적으로나마 살펴보도록 하자.

천재들의 해결원리를 응용하라

초기의 트리즈는 주로 기술 모순을 해결하는 데에 이용되었으나 최근에는 비즈니스 모순을 해결하는 데에 그 이용이 늘고 있다. 비즈니스 트리즈도 기술용 트리즈와 같은 방법으로 전개되지만 비즈니스 파라미터와 비즈니스 모순해결검색엔진을 이용하는 점이 다르다.

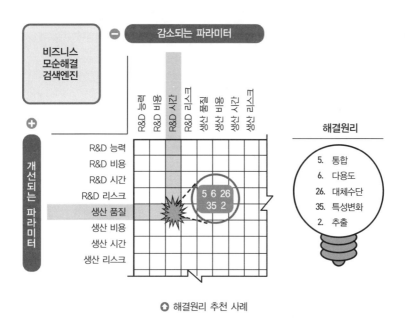

○ 해결원리 추천 사례

모순해결검색엔진을 이용하면 자신의 상황에 맞는 문제해결원리를 추천받을 수 있다. 무언가 개선하고자하면 반대로 감소되는 요소가 생기는 모순이 발생되는데 이를 해결할 수 있는 방안이 모순해결검색엔진 안에 담겨 있다.

예를 들어 생산품질을 개선하려면 R&D에 많은 시간이 소요되는 모순이 생기는데 모순해결검색엔진을 이용하면 다음의 그림과 같이 해결원리로 5번, 6번, 26번, 36번, 2번이라고 추천해준다.

다시 보르도TV의 개발 과정으로 돌아가 보자.

LCDTV가 40인치 정도면 무게가 꽤 나가기 때문에 지금까지는 벽에 부착하는 형태였다. 그러나 보르도TV는 가구 같은 TV가 컨셉이므로 인테리어와의 조화를 위해 TV를 벽에서 분리해야 하는 과제도 함께 해결해야 했다. TF팀은 무거운 대형화면을 이동이 가능한 감성적 디자인으로 만들어야 한다는 모순요소를 파라미터 중 움직이지

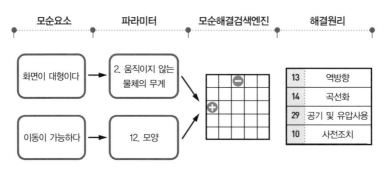

⬆ 보르도TV의 모순해결 과정

않는 물체의 무게 2번과 모양을 뜻하는 12번에서 찾아냈다. 그리고 다시 모순해결검색엔진을 이용하여 '역방향 13번', '곡선화 14번', '공기 및 유압사용 29번', '사전조치 10번'의 문제해결원리를 얻어냈다. 그렇다면 이 해결원리를 어떻게 활용해야 할까? 다음 단계의 과정에서 확인할 수 있다.

Imagination, 고정관념을 넘어서라

전술보다 원리에 집중하라

트리즈는 문제해결자가 스스로 문제를 발굴하고 해결할 수 있도록 방법과 원리를 몸에 익히게 하여 응용력을 높여준다. 트리즈는 문제의 유형에 따라 해결방법을 정리하고 유형에 맞는 해결원리를 제시하는 창의적인 문제해결법이다.

앞에서 삼성전자 TF팀에게 제시된 해결원리의 의미를 해석하면 다음과 같다.

① 역방향은 고정된 부분을 움직이게 한다.
② 곡선화는 직선을 곡선으로 바꾼다.

70

③ 공기 및 유압 사용은 무거운 부분을 가볍게 한다.

④ 사전조치는 물체에 필요한 변화를 미리 조치한다.

트리즈에서는 해결원리를 다음의 40가지로 정리해 놓았다. 문제해결자는 이 40가지 원리를 보면서 고객의 마음을 움직일 새로운 아이디어를 상상할 수 있어야 한다.

문제유형	해결방법	해결원리
집중/분산	나눈다. 모은다.	1. 분할 2. 분리 3. 국부적 품질 5. 통합 6. 다용도
처리방법	직접한다. 대신한다.	24. 매개체 25. 셀프서비스 26. 대체수단
조건의 차이	문제의 조건을 바꾼다.	12. 긴장완화 13. 반대로 하기 22. 전화위복
균형과 불균형	균형을 맞춘다. 균형을 깬다.	18. 진동시켜라 38. 노출증가 39. 구조를 바꿔라 4. 비대칭 8. 부양하기
시간사용	시간사용법을 배운다.	9. 사전반대조치 10. 사전준비조치 11. 사전예방조치 19. 주기적 작동 20. 유익한 작용의 지속 21. 고속 치리

관점오류	관점을 바꾼다.	16. 과부족 조치 27. 일회성 용품 34. 폐기와 재생
공간 효율	공간을 바꾼다.	7. 포개기 17. 다른 차원
경직, 유연	경직시키다. 유연하게 한다.	15. 역동성 22. 긴장완화 29. 유동성

○ 트리즈의 40가지 해결원리

　　다른 사람의 성공전술을 단순히 모방하는 것은 문제해결자들의 응용력을 떨어뜨릴 뿐 아니라 효과적인 해결책을 제시해주지 못한다. 창의력은 전술의 모방이 아니라 원리를 이해하여 응용하는 것이다.

　　트리즈에서 기존의 성공 아이디어의 패턴을 단순화하여 성공원리로 정리해 놓은 것이 해결원리Principle이다. 알츠 슐러와 그의 동료들은 특허검색을 통해 동일한 해결책이 반복적으로 사용된 예를 수집했다. 그리고 10여 년 동안의 연구 끝에 수만 개의 우수한 해결방안들을 모았고 그것을 요약하여 40가지의 해결원리를 개발했다.

　　40가지 해결원리는 다음과 같은 사상에 의해 정리되었다.

* 모든 예시는 항상 새로운 것이다. 새로운 기술이나 방법이 만들어지는 데에는 비슷한 원리가 숨어있다.
* 대부분의 원리들은 비즈니스/기술 사례를 모두 설명할 수 있다.

- 원리들은 압축된 형식으로 제시되었고 이 원리들은 다시 120~150가지의 방법으로 설명될 수 있다.

문제를 해결할 유레카 아이디어를 상상하라

TF팀은 제시된 해결원리를 어떻게 활용했을까? 트리즈는 100점짜리 아이디어를 던져주지 않는다. 비슷한 케이스의 해결원리를 찾아주기 때문에 어쩌면 50점짜리 아이디어라고 할 수 있다. 하지만 50점의 아이디어를 얻는 대신 목적지까지 헤매지 않고 가장 빠르게 길을 찾아준다. 이제부터 나머지 50점은 당신의 아이디어로 해결해야 한다. 이제 트리즈가 추천해준 몇 가지 해결원리를 가지고 문제를 새롭게 생각해보자. 해결원리의 여러 사례를 보면서 자신이 가지고 있는 정보와 지식을 재결합해야 할 것이다.

해결원리만으로 디자인에 대한 실마리를 풀지 못했던 TF팀은 어느 날 저녁식사 자리에서 누군가 마시고 내려놓은 와인잔을 보고 "유레카!"를 외쳤다. 고정관념의 장벽을 넘어 삼성전자를 세계 TV시장 1위로 끌어올린 영감을 얻는 순간이었다. 후에 삼성전자는 곡선형으로 디자인한 LCD TV의 모양을 포도주잔에서 힌트를 얻었다고 해서 브랜드네임을 '보르도TV'라고 하고 이 컨셉을 그대로 광고카피로 활용했다.

이렇게 새로운 아이디어를 만들어내려면 먼저 풍부한 정보와 지식을 가지고 있어야 하며 생각하는 습관을 길들여야 한다. 꾸준한 독서습관으로 새로운 정보와 지식을 받아들이는 것은 물론 다른 사람의 정보와 지식을 패턴화하는 방법도 배워야 한다.

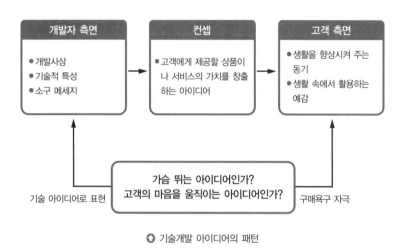

○ 기술개발 아이디어의 패턴

특히 상품기획자나 개발자는 아이디어를 낼 때 고객의 잠재된 욕구를 상상하여 새로운 컨셉으로 표현해야 한다. 이때에는 기술적인 측면만 생각할 게 아니라 감성적, 문화적인 면까지 고려해야 한다. 모순을 해결하는 아이디어는 항상 고객에게 제공되는 가치와 관련되어 있으므로 새로운 컨셉이 담긴 기술개발, 서비스개발, 프로세스의 개선이 이루어져야 한다.

CHAPTER O4

Zap, 검증된 실행방안을 찾아라

아이디어를 검증하라

앞의 3단계까지는 문제해결자가 비교적 자유로운 분위기에서 발상 전환을 꾀할 수 있었겠지만 마지막 단계에서는 지금까지 도출된 해결방안이 과연 실현가능한 것인지를 검증할 필요가 있다. 아무리 참신한 아이디어라고 하더라도 초기에 설정한 목표과제의 해결에 도움이 되지 않거나 모순을 해결할 수 없는 것이라면 좋은 아이디어라고 할 수 없다. 또한 실행이 어렵거나 실행을 위해 막대한 자원동원이 요구된다면 새로운 모순이 야기될 수도 있다. 아이디어 검증단계에서는 다음과 같은 사항을 점검해 본다.

- 해로운 특성은 사라졌는가?
- 유용한 특성은 유지되는가?
- 해로운 특성이 다시 나타나지 않는가?
- 시스템이 더욱 복잡해지는 것은 아닌가?
- 주요한 모순이 해결되었는가?
- 가치혁신에 기여하는가?

필자김영한가 정부출연 단체에서 트리즈 아이디어 워크숍을 진행할 때의 일이다. 60명 정도의 직원이 30명씩 2차에 걸쳐서 워크숍에 참여했다. 일반기업체가 아니어서 업무특성을 잘 모르는 상태에서 1차 워크숍을 진행했다. 참가자들도 일상적으로 진행되는 교육이라고 생각해서인지 호응도가 썩 좋은 상태는 아니었다.

트리즈 아이디어 프로세스에 의해 토의가 진행되는 과정에서도 별로 새로운 아이디어가 나오지 않았다. 아무리 모순해결검색엔진에서 새로운 해결원리를 찾아주어도 그것이 자신들의 업무 상황에 맞지 않는다든지 혹은 지금하고 있는 방식이 옳다는 의견만 제시되었다. 결론은 지금하고 있는 일이 많고 바쁘기 때문에 서비스를 개선하려면 인원을 보강해야 한다는 것이었다. 아무리 새로운 아이디어의 힌트가 제시된다 하더라도 원래의 모습을 벗어나지 않으려는 사람들에게는 아무 소용이 없구나 하는 생각이 들었다.

그러나 2차 때에는 상황이 전혀 다른 방향으로 바뀌었다. 2차 워크숍 때는 1차 때 참석하지 않았던 원장이 참가했기 때문이었을까. 워크숍이 시작되기 전에 원장과 한 시간 정도 그 기관이 처한 상황과 앞으로의 과제에 대해 대화를 나누었다.

이 기관은 정부로부터 지원받고 있는 예산이 매년 줄어들고 있었고 사업 방향도 바뀌어서 새로운 정책사업의 개발을 요구받고 있었다. 기업으로 따지면 매출이 줄어들고 있는 데다 기존 제품은 팔리지 않아서 신제품개발이 시급한 상태였다. 그런데 전날 워크숍 때 직원들은 과거의 사업을 더 연장하기 위해 직원 수를 보강해야 한다며 자신들이 소속되어 있는 조직의 상황을 제대로 이해하지 못하고 의견을 제시한 것이다.

2차 워크숍 때는 직원들의 토의 내용도 완전히 달라졌다. 원장이 토론에 함께 참여했기 때문인지 어떻게 기존 인력으로 서비스를 향상시킬 수 있을까, 어떻게 기존 서비스를 간소화하여 제한된 인원을 신규 서비스개발에 투여할 것인가에 관한 새로운 아이디어들이 쏟아져 나왔다.

같은 기관에서 두 차례에 걸쳐 워크숍을 진행했는데 첫날과 둘째 날의 토의 결과 완전히 다른 아이디어가 제시되었다. 같은 아이디어 기법을 이용해서 같은 해결원리가 제시되었다 하더라도 참가자들이 어떻게 응용 아이디어를 내느냐에 따라서 실행방안이 크게 달라질 수 있다는 것을 보여준 살아있는 예이다.

그러므로 아이디어의 검증작업을 통하여 현재의 아이디어가 얼마나 가치혁신에 기여하는 아이디어인가, 그로 인해 목표과제의 모순이 해결될 수 있는가에 대해 반드시 확인해야 할 것이다.

창조적인 실행방안을 마련하라

지금까지의 트리즈 아이디어가 목표과제의 문제를 해결할 수 있고 모순이 제거된 새로운 것이라면 실행에 옮길 수 있는 구체적인 실행방안을 마련해야 한다. 각각의 해결원리와 그에 따른 해결방법들을 보면서 문제해결자의 상황에 맞는 실행 아이디어를 내야 한다.

보르도TV의 TF팀은 해결원리를 기반으로 와인잔에서 세계를 놀라게 할 아이디어 영감을 얻었지만 그게 다는 아니었다. 그날부터 와인이 가진 열정과 감성을 TV에 담기 위한 작업이 시작되었다. 하지만 대형 평면TV가 벽에 고정될 수밖에 없었던 문제에서부터 TV의 기본컬러 등에 대한 고정관념을 뛰어넘기까지 수차례 진통을 겪었다.

당시만 하더라도 TV의 색상은 검정과 회색이 대부분이었다. 그렇기 때문에 TF팀은 3~4번의 품평회를 거쳐 30~40개의 컬러를 적용하면서 최적의 조합을 찾아내기 위해 골몰했다.

트리즈가 제시한 해결원리와 방법들을 바탕으로 수차례의 조사와 실험을 거친 결과 TF팀은 보르도TV에 그동안 사각형을 고수했던 TV의 형태를 보다 곡선에 가까운 5각형으로 바꾸었으며 밑에 포도

	문제유형	해결방법	해결원리
13	역방향	고정된 부분을 움직이게 한다	벽에 부착하는 방식을 이동할 수 있는 상식으로 바꾼다
14	곡선화	직선을 곡선으로 바꾼다	4각형 모양을 5각형의 곡선 형태로 바꾼다
29	공기 및 유압 사용	무거운 부분을 가볍게 한다	가벼운 소재를 사용한다
10	사전조치	물체에 필요한 변화를 미리 조치한다	실내디자인에 어울리는 디자인과 컬러를 쓴다

○ 보르도TV의 실행안 탐색

주잔처럼 받침대를 설치하는 방식을 채택했다. 소재도 최대한 가벼운 것으로 대체하여 무게를 줄였다. 5각형의 곡선화된 TV의 디자인이 부드러운 포도주잔을 연상케 했다. 수차례의 시도와 많은 밤을 지새운 연구 끝에 드디어 화이트 바디에 레드와인으로 포인트를 준, 도회적이고 세련된 트루블랙의 바디에 블루의 유채색 LCD TV가 탄생했다. 무채색 일색의 TV디자인 역사에 한 획을 긋는 순간이었다. 지금까지의 고정관념을 모두 넘어선 파격적인 시도였다.

신상흥 삼성전자 전무는 한 인터뷰에서 "보르도TV는 고정관념을 뛰어넘기 위한 작품이었던 만큼 디자인 컨셉을 100% 만족시켜야 한다고 생각했다"며 "디자이너들이 요구한 사양을 맞추기 위해 수차례의 설계변경이 이뤄졌다"고 밝힌 바 있다.

○ 삼성전자의 보르도TV

각고의 노력 끝에 탄생된 보르도TV는 출시 1년4개월만에 전 세
계적으로 500만대가 판매되어 세계가 주목하는 히트상품으로 자리
잡았다. 특히 2007년형 보르도TV는 출시 6개월만에 200만대 이상이
팔려 2006년형이 같은 기간 동안 100만대가 판매되었던 것에 비해
놀라운 성장세를 보였으며, 보르도의 히트에 따라 유사상품들이 대거
등장하자 삼성전자는 더 차별화된 디자인과 기능을 갖춘 제품을 선보
여 세계 TV시장의 선두를 놓치지 않겠다는 포부를 밝히고 있다.

TRIZ CASE 03-1

국내기업의 창조적인 모순해결 사례

창조경영의 대가 루트 번스타인은 창의적인 인재의 조건으로 '누구도 떠올리지 못한 문제를 만들어 이를 속 시원히 해결해 주는 사람'을 꼽았으며, 그러한 인재가 되기 위해서는 모든 사물과 현상을 뒤집어 보는 습관을 가져야 하며 조직의 성공 스토리보다 실패의 경험을 분석할 줄 알아야 한다고 지적했다. 트리즈는 남이 풀지 못하는 모순을 해결하여 고정관념을 뛰어넘는 결정적인 문제해결법을 제시한다는 측면에서 창의적인 인재를 만드는 방법론이라 할 수 있다.

　다음의 사례들은 트리즈 프로세스로 해결한 실제 사례와 이미 과거에 해결된 문제들을 트리즈로 다시 해석한 예들이다. 처음 문제에 부딪혔을 때부터 트리즈로 문제를 해결해나간 SKC 사례를 통해서는 지금까지 살펴본 트리즈 프로세스를 복습할 수 있을 것이며 그 밖의 예들에서는 직접 문제의 모순을 해결하여 시행착오를 줄이는 트리즈의 위대함을 확인할 수 있을 것이다.

1. 신사업 모순 – 판도라TV

1990년대 정부의 닷컴기업 성장지원정책에 따라 수많은 벤처기업들이 생겨났지만 곧 수익모델의 부재로 어려운 상황에 직면했다. 판도라TV의 김경익 사장도 마땅한 수익이 없어 사업을 접어야 할 위기사항을 맞았다. 당시 김 사장은 고속인터넷망을 이용하여 사용자가 자유롭게 참여할 수 있는 영상정보시스템을 만들 수 있을 거라고 생각했다. 그러나 대량정보를 처리할 수 있도록 기술적 집적도를 높이면서도 사용자가 조작하기 쉽도록 만들어야 한다는 모순을 해결하지 않으면 불가능한 일이었다.

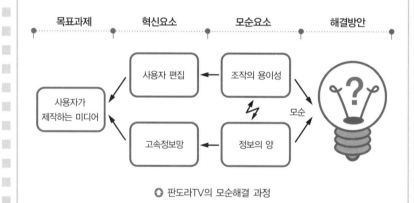

🔆 판도라TV의 모순해결 과정

이 문제는 기술적인 문제이므로 기술용 버전을 활용해보자. 동

82

영상을 전송해야 하는 정보의 양에 해당되는 기술 파라미터는 '7번 움직이는 물체의 양'이다. 사용자의 조작이 용이해야 한다는 의미의 기술 파라미터는 '33번 작업의 용이성'이다. 기술용 모순해결 매트릭스에 7번과 33번 파라미터를 대입하면 다음과 같은 해결원리가 도출된다.

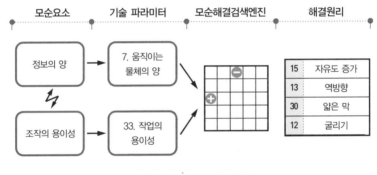

🔄 판도라TV의 모순해결 과정

이상의 내용은 트리즈에서 제시되는 일반적인 방법이고 이것을 다시 한 번 IT 기술에서 응용할 수 있는 방법을 생각해 보아야 한다. 김경익 사장과 엔지니어들은 IT 기술을 해결원리에 적용하여 다음의 표와 같은 아이디어를 냈다.

이러한 실행방안을 바탕으로 판도라TV는 2005년 초에 UCC

	해결원리	방법	실행방안
15	자유도 증가	물체를 서로 교환할 수 있도로 한다	사용자가 자유롭게 콘텐츠를 올리고 내릴 수 있도록 한다
13	역방향	통상적인 구조를 유연한 막으로 바꾼다	4각형 모양을 5각형의 곡선으로 한다
30	얇은 막	무거운 부분을 가볍게 한다	사용자에게 블로그 기능을 제공한다
12	굴리기	물체를 들어올리거나 내릴 필요없이 조건을 바꾼다	콘텐츠 편집기능을 사용자가 직접 사용할 수 있도록 한다

○ 판도라TV의 실행안 탐색

User Create Contents 전문사이트로 탄생했다. 미국의 UCC 전문 사이트인 유튜브는 2005년 말에 오픈하였다. 2006년에 유튜브가 구글에 2조 원이 넘는 거액에 인수되면서 세간의 관심을 끈 큰 회사가 되었지만 사실 세계 최초의 UCC기업은 판도라TV였다.

2. 생산 모순 – SKC

초우량 기업에도 위기는 순식간에 찾아올 수 있다. 2004년까지만 해도 초우량기업으로 평가받던 삼성SDI는 2007년 적자위기를 맞았다.

삼성SDI의 주력 아이템은 PDP 패널이었으나 시장 수요가 LCD로 전환되고 있었기 때문이다. 가격 또한 2~3년 전에 비해 3분의 1수준으로 내려가는 바람에 매출이 감소한 나머지 적자로 전환되었다.

이러한 시장의 변화가 경영에 악영향을 미친 것은 셋트 메이커뿐만 아니라 부품이나 소재업체도 마찬가지이다. LCD 패널에 들어가는 폴리에스터 필름을 생산하는 SKC의 필름사업 부분은 셋트메이커로부터 원가인하 압박을 받으면서 획기적인 품질개선을 요구받게되어 심각한 경영문제가 발생하였다.

필자김영한는 SKC의 임원들과 함께 필름 생산 문제를 해결하는

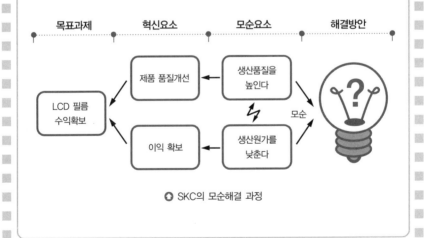

❖ SKC의 모순해결 과정

워크숍 중 'LCD 필름 사업에서 어떻게 수익을 확보하는가' 하는 문제를 해결해야 했다. 기술, 생산, 마케팅, 관리 책임자들이 모여서 트리즈 기법으로 문제해결 방안을 모색하였다.

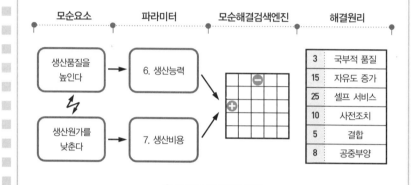

○ SKC의 문제해결 과정

LCD 필름사업에서 수익을 확보하려면 '생산품질을 높이면서 생산원가를 낮추어야 한다'는 모순을 해결해야만 했다. 먼저 모순요소를 파라미터로 전환해야 한다. '생산품질을 높인다'는 '6번 생산능력'에 해당되고 '생산원가를 낮춘다'는 '7번 생산비용'에 해당된다. 파라미터 6번과 7번을 비즈니스 모순해결검색엔진에 대입해보면 다음과 같은 6가지의 해결원리가 제시된다.

해결원리별로 비즈니스 상황에서 이용할 수 있는 방안과 벤치마킹할 수 있는 사례들을 보면서 워크숍에 참요한 문제해결자 각자가

응용할 수 있는 아이디어를 생각해본 결과 다음과 같은 실행방안이
도출되었다.

	해결원리	방법	실행방안
3	국부적 품질	환경을 비균질 상태로 전환	첨단시설 분리 생산 (시설, 사람)
15	자유도 증가	고객 대응팀	고객대응팀 운영
25	셀프서비스	퇴직자 재고용	퇴직자 계약직 고용
10	사전조치	JIT 공장에 간판 배치	시생산라인에서 생산준비
5	통합	연관기능을 통합	첨단시설 분리 생산 (시설, 사람)
8	공중부양	유행타는 물건에 new 단어 사용	신상품 'New' 브랜드

○ SKC의 실행안 탐색

3. 마케팅 모순 - 민들레영토

젊은이들의 문화카페, 민들레영토를 만든 지승룡 대표는 교회의 목회자 출신이다. 처음 그는 어렵게 종자돈 2,000만 원을 마련하여 카페를 하려했다지만 카페를 하기에는 턱도 없이 모자란 액수였다.

　고생 끝에 간신히 찾은 건물은 무허가 건물이어서 영업허가가 나지 않았지만 이 공간 말고는 달리 방법이 없는 상황이었다. 그는 10평 남짓한 무허가 건물에서 커뮤니티 공간을 만들어야 하는 모순을 해결해야만 했다.

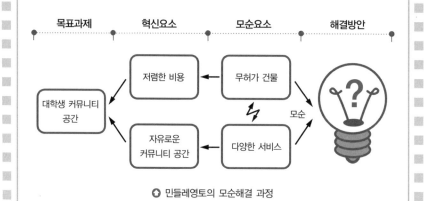

❂ 민들레영토의 모순해결 과정

　이 상황을 트리즈의 모순해결매트릭스로 전환하면 다음과 같다. 무허가 건물의 공급자와 소비자의 연결은 '15번 공급연결'이 되고 대학생들의 다양한 서비스 요구는 '21번 고객 수요' 이다.

　이 파라미터를 모순해결검색엔진에 대입하면 다음과 같은 해결
원리가 추출된다.

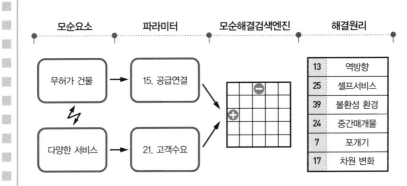

모순요소	파라미터	모순해결검색엔진	해결원리

13	역방향
25	셀프서비스
39	불환성 환경
24	중간매개물
7	포개기
17	차원 변화

◐ 민들레영토의 문제해결 과정

　우선 커피를 판매하려면 영업허가가 나야 하는데 무허가 건물이
라서 허가가 나지 않는 상황이었으므로 상식적 사고로는 문제가 해결
되지 않았다. 지 대표는 커피값 대신에 입장료를 받고 커피와 음료,
그리고 대화나 독서를 할 수 있는 공간을 제공하는 '문화비'라는 새
로운 방식을 생각했다.

　그 결과 민들레영토는 10평짜리 무허가 건물에서 영업허가도 없
이 시작했지만 새로운 영업방식을 만들어냈다. 현재 민들레영토는

커피를 판매하는 일반 까페와는 차별화되면서 대학생 고객에게 문화 공간을 제공하는 방식의 스타벅스에 견줄만한 토종 까페로 성장하고 있다.

	해결원리	방법	실행방안
13	역방향	역발상	커피를 파는 것이 아니라 공간을 판다
25	셀프서비스	퇴직자 재고용이나 인턴사원 고용	대학생 도우미 활용
39	구조를 줄인다	작은 공간에 여러 서비스	독서와 대화 공간 마련
24	중간매개물	여행을 돕는 여행사	재미꺼리 연출(애완견)
7	포개기	상점 속 상점	까페와 음식점을 결합
17	차원변화	고객중심의 영업방식	입장료만 내면 여러 가지 서비스를 제공

● 민들레영토의 해결안 탐색

4. 서비스 모순 – 남이섬

서비스 업종이라고 해서 트리즈가 적용되지 않는 것은 아니다. 모순이 있는 곳이면 어디든 어느 업종이든 적용이 가능한 것이 트리즈이다. 북한강 한가운데에 위치한 남이섬은 10여 년 전까지만 해도 대학생 MT 장소로만 인식되던 별 볼일 없는 섬에 불과했지만 아이디어 하나로 꿈의 섬으로 변신했다.

남이섬에 새로 영입된 CEO 강우현 사장은 남이섬을 어떻게 운영할 것인지를 고민하였다. 강 사장은 새로운 목표를 '친자연적인 문화공간' 으로 설정하고 변화를 시도하였다. 하지만 지속적인 투자를 해야 하는 상황에도 불구하고 보유자금이 없다는 모순을 안고 있었다.

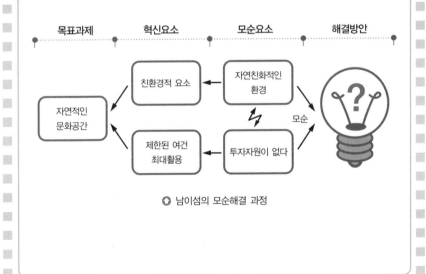

○ 남이섬의 모순해결 과정

남이섬의 친환경적인 여건은 서비스 기업으로 치면 생산능력에 해당된다. 그러므로 투자자원의 부족은 서비스 비용의 한계라고 볼 수 있다. 따라서 '6번 생산능력'과 '17번 서비스 비용'이라는 파라미터를 모순해결검색엔진에 대입하면 다음의 그림과 같이 6가지의 해결원리가 나온다.

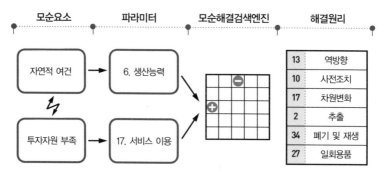

◆ 남이섬의 문제해결 과정

이상의 내용은 트리즈에서 제시되는 일반적인 방법이고 이것을 남이섬이 어떻게 응용할 것인지를 생각해 보아야 한다. 강 사장은 남이섬이 봉착한 문제를 해결하기 위해 다음과 같은 새로운 생각을 했다.

	해결원리	방법	실행방안
13	역방향	반대작용을 실행	개발보다는 자연으로 회귀
10	사전조치	요구되는 작용을 미리 수행	자연환경을 조성
17	차원변화	반대 측면에서 바라보는 활용	위락시설에서 친환경시설
2	추출	원하지 않는 부분을 제거	인공시설물을 추출
34	폐기 및 재생	자원의 재활용	폐기물을 재활용
27	일회용품	1회성 수입	부대 사업보다는 입장료 수입

○ 남이섬의 실행안 탐색

강우현 사장은 이러한 생각들을 실행에 옮겼다. 그리하여 복원 사업2~3년 후에 남이섬은 아름다운 자연의 섬으로 다시 탄생했다.

아름다운 자연환경으로 인해 남이섬은 KBS TV의 드라마 〈겨울연가〉 촬영지가 되었다. 아름다운 경관이 TV 드라마를 통해 소개되자 관광객이 급증하여 이전에 100만 명이었던 관광객이 500만 명으로 늘었다.

이후 〈겨울연가〉가 일본 NHK에서 방영되자 남이섬은 일본 관광객이 몰려오는 꿈과 자연의 섬이 되었다.

5. 리더십 모순 - G마켓

인터파크 G마켓의 초기 구영배 사장은 분사를 하여 새로운 전자상거래방식을 시도했지만 디지털세대들에게 새로운 리더십을 발휘해야 하는 숙제를 안게 되었다. G마켓은 인터파크와는 다른 비즈니스 모델과 리더십을 선보여야만 했기 때문이다.

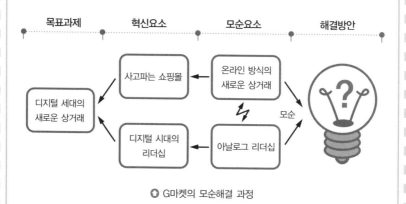

● G마켓의 모순해결 과정

온라인의 새로운 거래 방식은 디지털 소비자들에게 어떤 가치를 제공하는가, 하는 의미에서 '22번 고객가치'가 하나의 파라미터가 된다. 아날로그 리더십의 파라미터는 '25번 인간관계'이다. 이것을 모순해결검색엔진에 대입하면 5가지의 해결원리가 나오는데 그 의미를 해석해보면 다음과 같다.

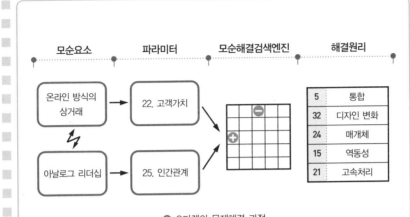

모순요소	파라미터	모순해결검색엔진	해결원리

5	통합
32	디자인 변화
24	매개체
15	역동성
21	고속처리

● G마켓의 문제해결 과정

이상의 해결원리를 G마켓 입장에서 생각해보자.

	해결원리	방법	실행방안
5	통합	멀티영상관 결합 서비스	상거래와 경매를 결합
32	디자인 변화	디자인이나 색의 변화	소비자 거래의 활성화를 위한 기능 디자인 개선
24	매개체	중간매개체 이용	전문 숍을 육성·지원
15	역동성	고객응대팀 운영	시장 변화에 역동적 대응
21	고속처리	변화에 민감하게 대처	빠른 의사결정

● G마켓의 실행안 탐색

G마켓은 쇼핑몰과 경매를 겸하는 오픈마켓 방식을 채택함으로써 고객에게 사는 기쁨과 파는 기쁨을 동시에 맛보게 했다. 오픈마켓은 인터파크나 옥션의 운영방식과는 차별화된 서비스로 소비자의 니즈에 부합하면서 거래가 급증하기 시작했다. 현재 G마켓은 국내에서 최대 전자상거래업체로 성장했을뿐 아니라 미국 나스닥NASDAQ에도 상장되는 글로벌 컴퍼니로 자리잡았다.

6. M&A 모순 – STX

국내 기업들은 인수합병M&A에 비교적 소극적 입장을 취하는 편이다. 그러나 글로벌 시장에서 회사가 질적으로 성큼 도약하는 데에는 해외 M&A가 가장 빠른 방법이 될 수 있다. STX는 국내 다른 기업들이 M&A에 소극적일 때에 적극적인 M&A에 나서 급성장한 사례이다.

STX는 IMF 때 도산한 쌍용중공업을 인수하여 조선업에 진출하였기 때문에 조선업에서는 후발기업에 속한다. 초기엔 생산시설이나 기술력도 매우 취약해서 혁명적인 발상전환이 필요했다.

이러한 STX의 상황을 목표와 모순요소를 정리하면 다음과 같다. 조선업이 호황이라서 생산능력만 있으면 수주를 받을 수 있었지만 STX는 이제 막 신규사업에 뛰어든 터라 기술력과 생산력이 턱없이 부족한 상태이다.

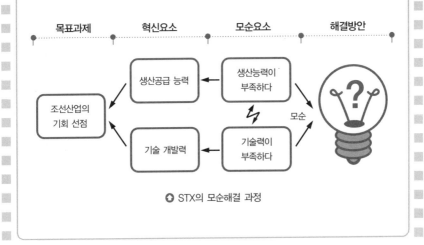

◉ STX의 모순해결 과정

기술력의 부족으로 기술개발의 성공여부도 불확실하다는 것 파라미터는 '4번 R&D 리스트'에 해당된다. '생산 능력이 부족하다'는 것은 공급능력이 부족하다는 의미이므로 파라미터는 '11번 공급능력'이 된다. 이 두 파라미터를 모순해결검색엔진에 대입하면 다음의 5가지 해결원리가 제시된다.

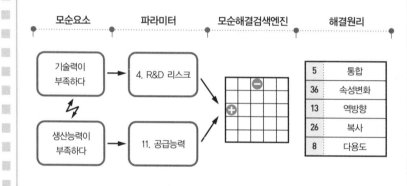

⊙ STX의 문제해결 과정

이들 원리의 의미를 해석해보면 다음과 같다.

STX 강덕수 회장은 2001년에 법정관리 중이었던 대동조선^{현STX}조선을 1,000억 원에 인수하였다. 2002년에는 중국의 신단에너지^{현STX}에너지를 500억 원에 인수함으로써 해외 기업 M&A를 시작했다.

그 결과 2004년에는 범양상선^{현STX 팬오션}을 4,300억 원에 인수하여 조선과 상선사업을 통합하였다. 제조하는 선박도 그동안 벌크선

	해결원리	방법	실행방안
5	통합	자본력과 기술력을 통합	조선 관련 산업을 인수
36	속성변화	연관 산업으로 확대	벌크선에서 컨테이너선으로 확장
13	역방향	공격적 경영	해외 기술 회사를 인수
26	복사	값비싼 객체를 저렴한 객체로 대체	중국에 조선공장 신설
8	다용도	브랜드 확장	STX 브랜드를 이용해 사업 확장

○ STX의 실행안 탐색

중심에서 초대형 컨테이너선과 LNG선으로 확대했다.

2007년에는 노르웨이의 유람선 전문업체인 아크야츠를 7,342억 원에 인수하여 국내 조선업계에서는 처음으로 대형 크루즈선 시장에 진출하였다. 2001년에 쌍용중공업을 인수해서 출범한 STX는 2007년에 매출 10조원, 세계 조선업계 랭킹 6위의 회사로 성장하게 되었다.

TRIZ CASE 03-2
혼다 웨이브와 타타 자동차

최근 미래 소비자의 니즈를 제품개발로 실현시킨 혼다의 웨이브와 타타 자동차의 사례는 전 세계 소비자들을 흥분시키고 있다. 일반적으로 동시에 해결할 수 없다고 생각하는 생산비용과 제품가격의 문제를 모두 충족시킨 이 두 사례를 트리즈로 새롭게 해석해보자.

자전거와 오토바이에 대한 수요가 많은 중국 시장에 1980년대 초부터 진출한 일본의 혼다Honda는 세계 1위의 오토바이 브랜드로, 중국에 진출해서도 시장점유율 20%를 차지하며 성공적으로 자리잡았다. 그러나 곧 중국 업체들은 혼다의 오토바이 생산을 흉내내기 시작했고 혼다의 3분의 1가격으로 중국산을 출시해 혼다의 시장점유율은 3% 대로 급락했다.

이런 위기상황에 혼다는 더 이상 생산비용을 낮출 수 없다는 모순에 부딪히게 된다. 하지만 중국고객에게 가치 있는 오토바이를 제공하려면 저가의 오토바이를 새롭게 개발해야 했고 생산비용도 혁신적으로 낮추어야만 했다. 일시적인 가격할인이나 기존 모델에서 일부 기능을 제거하는 방식은 이 과제를 해결할 수 있는 효율적인 방안이 아니었다.

이 모순을 트리즈 모델로 해결하려면 모순요소를 비즈니스 파라미터로 전환해야 한다. 전환된 파라미터는 '21번 고객수요'와 '7번 생산비용', 이 두 파라미터를 모순해결검색엔진에 대입해보면 다음과 같은 해결원리가 제시된다.

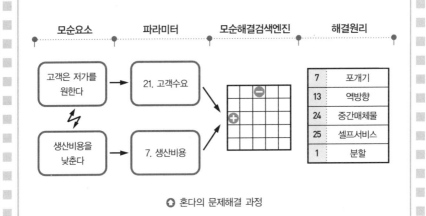

○ 혼다의 문제해결 과정

포개기는 '하나의 객체를 다른 객체의 속에 집어넣는다', 역방향은 '반대로 작용한다'는 의미이다. 중간매체물은 '작용수행의 매개체를 수용한다', 셀프서비스는 '객체 자체가 기능을 완성한다', 분할은 '제품단위별로 시장을 분리한다' 라는 의미이다.

○ 중국에서 인기를 끌고 있는 혼다의 '웨이브'

결국 혼다는 기존의 방식이 아닌 전혀 새로운 전략을 모색, 자신들의 브랜드를 본딴 중국의 업체들을 역이용하여 중국기업과 합작회사를 세우고 저가부품업체를 중간매개체로 이용한 결과, 2001년에 복제부품을 만들던 중국업체인 신다로新大州와 50대50 합작품, '신다로 혼다'를 출시했다. 신다로 혼다가 개발한 100cc '웨이브' 오토바이의 가격은 4,498위안당시 미화 540불으로 기존 혼다제품의 절반 가격이다. 결국 2000년에 매출이 27%나 감소되었던 혼다는 중국 내수판매가 2007년에 117만대를 판매하는 쾌거를 이뤄냈다.

중국의 신화창조사례에 이어 이번에는 인도에 출시된 타타 자동차의 사례를 살펴보자. 인도는 중국과 함께 세계에서 인구가 가장 많은 나라 중의 하나로, IT산업을 필두로 기술산업이 급성장하고 있으나 아직 국민소득 수준은 낮은 편이다. 그러므로 인도는 저가정책을 펼칠 수밖에 없는 상황으로 노키아Nokia는 인도에 30불짜리 휴대폰을 판매하여 인도시장을 석권했다.

그러므로 인도에 출시될 자동차는 획기적으로 낮은 가격에 에너지 소모 또한 줄여야 경쟁력을 갖출 수 있는 것이다. 그러나 기술적으로 단순히 자동차의 크기를 줄인다든지 일부 장치를 제거하는 방식으로는 판매가격과 운영비를 모두 낮추기 힘든 것이 사실이다. 그렇다면 초저가의 자동차 개발로 인도시장에서 성공한 타타 자동차가 직면했던 모순요소를 트리즈로 풀어보자.

'자동차의 무게를 줄인다'를 파라미터로 전환하면 '1번 움직이

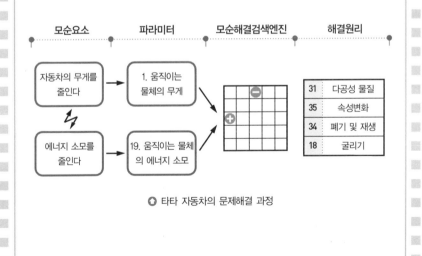

○ 타타 자동차의 문제해결 과정

는 물체의 무게'가 된다. '에너지 소모를 줄인다'는 '19번 움직이는 물체의 에너지 소모'가 된다. 1번 파라미터와 19번 파라미터를 모순 해결검색엔진에 대입하면 앞의 표와같이 4가지의 해결원리가 제시 된다.

결국 타타 자동차는 기존의 경차와는 완전히 다른 구조로 설계 되었다. 자동차 뒷부분에 실린 엔진은 배기량 600~660cc, 30~35마 력으로 잔디 깎는 기계 수준으로, 우리나라 경차인 마티즈52마력와 모 닝64마력 보다 한참 아래 사양이며 가격도 700불 수준으로 매우 낮다. 파워 스티어링파워 핸들 없이 운전을 해야 하고 창문도 수동으로 여닫아

● 세계에서 가장 싼 인도의 타타 자동차

야 한다. 아날로그 방식의 속도계가 달려있고 앞 유리창 와이퍼도 하나뿐이다. 자재는 금속이나 볼트 대신 플라스틱과 접착제를 사용했다. 속도는 70km까지 낼 수 있는 휠 베어링을 사용해서 차의 수명보다는 가격을 낮추는 데 역점을 두었다. 이 차의 가격을 2,500불약 230만원로 기존의 경차보다 절반 이하의 가격이다.

타타 자동차의 안정성이나 속도는 실제로 국산 경차보다는 훨씬 떨어지지만 인도의 도로사정, 국민소득을 고려해서 만들어진 획기적인 발상의 차이다.

앞으로도 낮은 가격을 유지하면서 안정성과 속도를 보완할 수 있는 추가적인 개발이 이루어진다면 저개발국가에 수출도 가능할 것으로 예상된다.

PART O3

Output

창조적 리더의 **트리즈 응용**

스티브 잡스, 빌 게이츠와 같은 창조적 리더는
혼자서 모든 것을 하려하지 않고 창조적인 팀을 만들어서
남들이 할 수 없는 것들을 창조했다.

– 라피 아킷, 와튼 스쿨 교수

CHAPTER 01

트리즈 아이디어 워크숍

트리즈는 개인의 아이디어 발상에도 도움이 되지만 팀 아이디어를 이끌어내는 데에도 효과적으로 이용된다. 트리즈 아이디어 워크숍에는 개발, 생산, 마케팅, 자재 등 여러 분야의 리더들이 참여하여 현재의 문제와 미래의 방향을 토의하면서 새로운 혁신 아이디어를 낸다.

워크숍에는 의사결정권자스폰서가 참가하여 취지와 기대치를 제시하는 것도 좋지만 토의 과정에는 참여하지 않는 것이 좋다. 의사결정권자가 토의에 참여하면 자유로운 토의를 방해할 수 있기 때문이다. 대신 토의 후에 나온 새로운 아이디어를 발표할 때에는 의사결정권자가 참여하여 새로운 아이디어의 채택여부를 결정하는 것이 좋다.

아이디어를 낼 때에는 브레인스토밍 방식을 활용하는데 이 방식은 참여자들로 하여금 해결해야 할 문제를 놓고 생각나는 대로 자유롭고 거침없이 대안을 쏟아낼 수 있도록 한다. 아래 그룹의 리더는 각 아이디어의 기여를 인정하고, 이것을 모든 사람이 볼 수 있도록 기록한다. 이때 다소 거칠고 엉뚱해 보이는 아이디어가 나오더라도 기꺼이 받아들여야 한다. 처음에는 아이디어의 질이 아니라 양이 중시되어야 하며, 최초의 회의에서는 토의나 비판을 허용하지 말아야 한다.

트리즈 아이디어 워크숍은 보통 5~12명으로 구성된 그룹과 리더 겸 촉진자의 역할을 하는 사람 1명, 그리고 서기 1명이 참여한다. 이들은 모두 주어진 하나의 주제에 대해 최대한 개방적인 분위기에서 아이디어를 쏟아내도록 유도된다. 충분한 아이디어를 끌어내려면 적어도 6명 이상이 되어야 하지만, 13명이 넘지 않는 것이 좋다. 너무

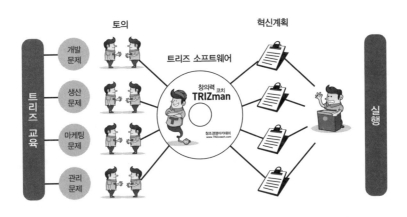

◆ 소프트웨어를 이용한 트리즈 교육

많은 수의 아이디어는 흡수되기가 어렵고, 그룹의 규모가 너무 커질 경우 일부 구성원들이 압박받게 되어 아이디어의 자연스러운 흐름을 방해할 가능성이 있기 때문이다. 브레인스토밍 그룹은 그 목적에 따라 유사한 직종에 종사하는 사람들로 구성하거나 상이한 업무 영역, 또는 서로 다른 배경을 가진 사람들로 구성할 수 있다.

아이디어 워크숍 형태로 트리즈의 문제해결과정을 진행하면 트리즈가 얼마나 다양한 분야에서 활용될 수 있는지를 확인하게 된다. 먼저 조직원을 대상으로 트리즈 교육을 실시한 후 문제해결워크숍을 진행한다. 전사적인 과제를 해결할 수도 있으므로 부문별로 팀을 짜서 실무적인 문제를 토의한다. 개발, 생산, 마케팅, 관리 부문에서 과제를 찾아서 모순해결방법을 토의한다.

해결안을 찾아나설 때에는 관리적인 회의법보다는 트리즈 기법을 이용하여 모순을 찾고 해결점을 모색해 나가도록 한다. 또한 토의할 때 트리즈 소프트웨어를 이용하면 주제에서 벗어나지 않고 빠르게 해결원리를 찾아낼 수 있다. 토의된 내용을 혁신계획서로 작성하여 발표를 하면 내부 조율은 물론 실행계획을 수립하는 데에 도움이 된다. 트리즈 창조 워크숍은 문제를 발굴하고 해결안을 내는 과정에서 조직원들이 참여하였기 때문에 실행과정에서 발생할 수 있는 저항을 줄일 수 있다.

또한 이러한 과정을 거쳐 도출된 해결안은 다른 사람이 만들어서 가져다 준 것이 아니라 참여자 스스로 만들어 내는 것이기 때문에 이후 새로운 문제가 발생한다 해도 스스로 해결안을 낼 수 있는 능력을 갖게 된다. 이러한 방식은 물고기를 잡아다 주는 것이 아니라 물고기를 잡는 방법을 가르쳐주는 효과가 있다.

워밍업, 창조적 습관을 점검하라

트리즈 아이디어 워크숍을 진행하다 보면 상당수의 사람들이 새로운 아이디어를 내는 데에 익숙치 않아서 멍하니 앉아 있거나 주제와 상관없는 엉뚱한 이야기를 하는 것을 볼 수 있다. 이러한 사람들은 학교에 다닐 때에도 주입식 교육을 받았고 직장생활을 하면서도 정해진 일만 열심히 해왔기 때문이지 새로운 상황에 대처하는 능력을 기르는 훈련에 집중하지 못하는 것 같다.

창의력은 습관에 의해 길들여지고 습관은 마인드에 바탕을 두고 형성된다. 창의적 사고를 하려면 새로운 정보를 받아들이고 새로운 생각을 하려는 마음 자세, 즉 아이디어 마인드Idea Mind를 갖추고 있어야 한다.

아이디어 마인드가 정립되어 있지 않으면 새로운 정보를 받아들일 노력도 하지 않고 같은 정보에 노출되어도 아이디어의 자극을 받지 못한다. 비즈니스 천재들의 창조적 습관을 연구하여《비즈니스 천재의 5가지 얼굴》이라는 책을 쓴 안네스 모저 웰만은 비즈니스 천재들은의 5가지 능력에 대해 다음과 같이 밝히고 있다.

- 선지자 The seer: 이미지를 보는 능력
- 관찰자 The observer: 세부를 인지하는 능력
- 연금술사 The alchemist: 영역을 넘나들며 연결하는 능력
- 바보 The fool: 실수를 환영하는 힘
- 현인 The sage: 단순화하는 능력

이상의 5가지 능력은 새로운 아이디어를 샘솟게 하는 기본 마인드라고 할 수 있으므로 창조적 리더를 꿈꾸는 사람이라면 다음과 같이 매일 자신을 자극하며 아이디어 마인드를 체화해야 할 것이다.

- 선지자처럼 이미지를 보는 능력을 가져야 한다.
- 관찰자처럼 세부를 인지할 수 있어야 한다.
- 연금술사처럼 영역을 넘나드는 능력을 가져야 한다.
- 바보처럼 실수를 받아들일 수 있어야 한다.
- 현인처럼 단순화하는 능력을 가져야 한다.

선지자 마인드는 세상의 움직임을 보고 트렌드를 파악하여 새로운 방향을 설정하고 그것을 비전으로 만들어낸다. 이들은 비즈니스의 미래를 상상하고 새로운 기회와 잠재성을 시각화 시킨다.
관찰자 마인드는 작은 것을 보고도 큰 아이디어를 만들어낸다. 호기심을 가지고 관찰하며 다른 사람과 같은 것을 보더라도 남다른

의미를 읽어낸다.

연금술사 마인드는 광범위한 관심영역에서 정보의 연결력으로 새로운 아이디어를 만들어낸다. 유추와 상상은 아이디어가 나올 수 있도록 돕는 촉매제이다. 이들은 항상 주변의 유사성을 관찰한다.

바보 마인드는 고정관념에 사로잡히지 않고 제로베이스 씽킹Zero base thinking을 하는 것을 뜻한다. 바보 마인드를 가진 사람은 실패를 두려워하지 않으며 실패를 한다 하더라도 기꺼히 받아들인다.

현인 마인드는 전체를 아우르는 단순성을 밝혀낼 수 있다. 현인들은 모든 불필요한 것들을 제거하면서 그 밑에 숨겨져 있는 본질을 찾아 해결한다.

머리만 우수하다고 창조력이 뛰어난 것은 아니다. 생활 전반에서 창조성이 살아나야 한다. 과연 당신은 창조적 습관을 가지고 있는가? 검증 받고 싶다면 다음 항목을 점검해 보자.

1	나는 하루에 2시간 이상 생각하는 시간을 갖는다.
2	나는 하루에 10시간 이상 일(학습) 한다.
3	나는 하루에 7시간 이하 수면을 취한다.
4	나는 항상 메모한다.
5	나는 수시로 새로운 생각이 솟아난다.
6	나는 일주일에 한 권 이상 책을 읽는다.
7	내가 낸 아이디어가 자주 성공을 거둔다.

8	나는 술, 담배를 절제한다.
9	나는 발상전환을 위해 가끔 여행이나 여유시간을 갖는다.
10	좋은 생각이 나면 바로 실행한다.
11	나는 작은 실패에 낙담하지 않고 다시 도전한다.
12	나는 젊은 전문가들과 잘 어울린다.

❂ 창조적 습관 체크리스트

이상의 항목에 8가지 이상 '그렇다'는 답변을 할 수 있다면 당신
은 비교적 창조적 습관을 가진 사람이다.

브레인스토밍으로 문제점을 찾아라

다음은 필자김영한가 상하이에 있는 예 메디컬 병원에 트리즈를 적용
하여 비즈니스 문제를 해결한 사례이다.

상하이 예 메디컬은 한국의 예 메디컬 네트워크가 투자해서 설
립한 병원이다. 예 메디컬이 상하이에 처음 병원을 설립할 당시에는
50대 CEO가 인허가 절차와 건물의 신축을 주도하였다. 그리고 한국
의료진과 중국의료진으로 구성된 병원은 2006년에 오픈하였다.

그렇지만 600평 정도의 규모에 60여 명의 의료진이 근무하는
병원을 한국인 환자만 치료해서는 운영하기가 힘들었다. 50대 CEO
는 한국 교민을 상대로 판촉활동을 했지만 좀처럼 환자는 늘지 않았

다. 한국에서 투자한 자금만으로 병원을 운영하는 것은 한계가 있었고, 중국의료진의 서비스 수준도 향상되지 않았다.

필자가 2007년 1월에 상하이에 가서 본 예 메디컬의 문제는 이러한 상황에서 뚜렷한 해결책을 제시하지 못하고 있다는 점이었다. 초기 병원 설립에 결정적인 기여를 했던 CEO는 중국환자를 유치하는 방법을 찾지 못하고 있었다. 그는 대기업에서 풍부한 현장경험을 했고 한인사회에서 인맥이 좋았지만 그것이 오히려 중국인 사회를 파고드는 데에 한계로 작용하는 것 같았다.

중국 의료진과도 언어는 소통되었지만 철학과 경영방식은 제대로 커뮤니케이션이 되지 못하였다. 환자도 중국인 환자를 유치하기보다는 언어와 문화가 통하는 한국 환자가 90% 이상을 차지하고 있었다. 이런 상황에서 경영진과 어떤 일부터 해결해야 할 것인지에 대해 토론했다.

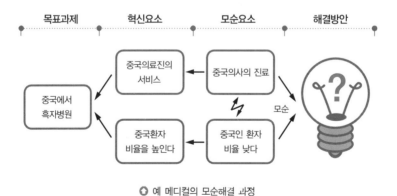

🔆 예 메디컬의 모순해결 과정

우선 예 메디컬 센터를 한국인의 병원이 아니라 중국병원으로 만들어야 한다는 점에 의견이 모였다.

모순을 해결하라

중국의사가 진료를 함에도 불구하고 중국환자 비율이 낮다는 모순을 해결하기 위한 방법을 모색하기 시작했다.

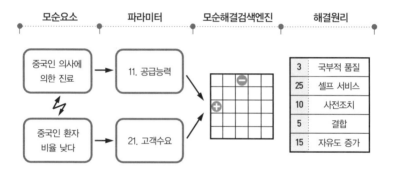

⬆ 예 메디컬의 문제해결 과정

의사의 진료 능력을 파라미터로 바꾸면 '11번 공급능력'이고 중국환자의 진료요구는 '21번 고객 수요'이다. 파라미터 11번과 21번을 모순해결검색엔진에 대입하면 다음의 5가지 해결원리가 제시된다.

- 3번 국부적 품질
- 25번 셀프 서비스
- 10번 사전조치
- 5번 결합
- 15번 자유도 증가

다시 이 5가지 해결원리의 의미를 해석해보면 다음과 같다.

- 국부적 품질은 그 지역에 맞는 특수 메뉴가 있다.
- 셀프 서비스는 자체 인력을 고용한다.
- 사전조치는 낚시 전에 떡밥을 뿌려 놓는다.
- 결합은 멀티상영관처럼 복합화한다.
- 자유도 증가는 고객대응팀을 둔다.

원리를 응용하라

우리는 이상의 원리를 상하이에서 어떻게 응용할 수 있을지 생각해야만 했다.

- 상하이에 맞는 의료서비스 체계를 구축해야 한다.
- 중국인 의료진을 확대한다.

- 중국인 네트워크를 증가시킨다.
- 현지에서 활동하는 한국기업과 협력한다.
- 현지 의료기관과 연계해 서비스를 제공한다.
- 의료 서비스 이전에 미용서비스를 제공하여 병원의 인지도를 높인다.
- 중국기업에 의료서비스 마케팅 활동을 강화한다.

이상의 아이디어들을 현지 의료진과 협의하여 실행에 옮겼다. 트리즈에 의한 창의적 문제 해결에 매력을 느낀 상하이 메디컬의 총경리CEO는 직원들에게도 트리즈 기법을 전수하였다. 트리즈 워크숍을 개최하여 직원들과 함께 지금 병원이 안고 있는 다음과 같은 각종 문제와 해결해야 할 과제들을 토론했다.

- 중국인 환자가 적은 점
- 한국인, 중국인을 제외한 외국인 환자가 적은 점
- 성형외과를 흑자로 전환시키기
- 내과의 고급화
- 중국인재 양성
- 한국인재의 유지
- 중국의 성공 브랜드로 만드는 일
- 중국에서 성공적인 합작 사업을 전개하는 일

그동안 CEO 혼자서 고민을 하던 문제와 과제들이 쏟아져 나왔다. 이런 수많은 문제들을 해결하려면 직원들의 참신한 아이디어와 적극적인 참여가 반드시 필요하다. 그동안은 이런 문제가 수면 위로 드러나도 해결방법이 없기 때문에 직원들에게 패배감을 안겨주었으나 이제는 이런 문제들을 해결할 수 있는 방법론이 생긴 것이다.

트리즈 워크숍을 통해 문제와 과제를 열거하고 팀별로 하나씩 해결해 나가기로 하였다. 마케팅팀은 별도의 비용을 발생시키지 않고 외국인 고객을 증가시키는 과제를 선택하여 해결방안을 찾기로 했다.

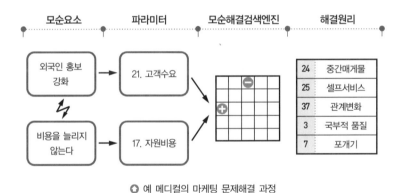

● 예 메디컬의 마케팅 문제해결 과정

상하이에서 예 메디컬은 신설병원이기 때문에 중국인에게도 알리기가 힘든 상황이었으므로, 외국인들에게 병원을 홍보하는 것은 어려운 일이었다. 그것도 비용증가 없이 외국인에게 홍보해야 한다는 모순은 과거에는 불가능한 일이라고 회피했겠지만, 마케팅 팀원

들은 이 모순을 풀기 위해 트리즈 소프트웨어를 이용하여 해결방안
을 찾아보기로 했다.

외국인에게 홍보를 해야 한다는 것을 파라미터로 바꾸면 '21번
고객 수요'가 되고 비용을 늘이지 않는다는 '17번 지원비용'이 된다.

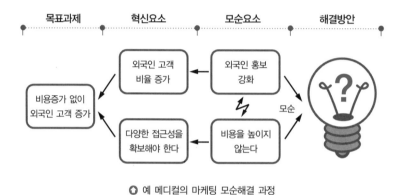

⬆ 예 메디컬의 마케팅 모순해결 과정

21번과 17번 파라미터를 모순해결검색엔진에 대입하면 다음 5
가지 해결원리가 제시된다.

- 24번 중간 매개물
- 25번 셀프서비스
- 37번 관계변화
- 3번 국부적 품질
- 7번 포개기

이상의 5가지 해결원리를 해석해보면 다음과 같다.

- 중간매개물은 에이전트를 고용한다.
- 셀프서비스를 자체 인력 고용한다.
- 관계변화는 권한을 위임한다.
- 국부적 품질은 외국에게 맞는 서비스를 한다.
- 포개기는 숍인숍을 만든다.

문제해결력을 촉진시켜라

이상의 해결원리를 어떻게 예 메디칼에 응용할 수 있을지에 대해 토의했다. 이들이 토의를 통해 만들어낸 해결안은 다음과 같다.

	해결원리	방법	실행방안
24	중간매개물	• 컨설턴트 고용	• 외국인 홍보 대사 고용 • 외국인을 직접 고용 • 외국인 의사 고용 확대
27	셀프서비스	• 자체 인력 고용 • 자원 재활용	• 외국 보험사 홍보 • 고객에게 소개 요청(홍보대사) • 서산 골프 클럽/Expact Show(전담 팀) • 교육장을 문화센터로 이용(Family Card 도입)
37	관계 변화	• 권한 위임	• 아이디어 박스-각 현장에서 아이디어 수집 • 현장에 권한과 책임 부여(외국 고객 응대)

3	국부적 품질	● 외국인 맞춤 서비스	● 외국인들을 위한 공식일 운영 ● 한 달에 한 번-고객사은행사 개최 ● 외국인의 라이프스타일에 맞는 상품 개발 ● 고객맞춤 의료상품 개발 ● 까페-각국 전통음식 마련 행사 ● 상하이의 각종 생활정보를 다양한 언어로 제공 ● 국가별 마케팅팀 출범(일본부 창설-일본인 고용)
7	포개기	● 숍인숍	● 스파 안에 일본인을 위한 국가별 개별 룸 마련 ● 치과 안에 일본인을 위한 국가별 개별 룸 마련 ● 까페 테이블 별로 각국 잡지 비치

○ 예 메디컬의 실행안 탐색

　　과거에는 CEO가 마케팅팀장에게나 지시할 법한 아이디어들이다. 그러나 트리즈 워크숍을 하면 직원들 스스로가 이런 아이디어를 내놓기 때문에 그만큼 실행력이 높아진다.

　　이렇게 트리즈를 활용하면 얼마 전까지만 해도 불가능할 것 같은 일들이 직원들의 아이디어를 통해서 해결되어 갔다. 이와 비슷한 활동들이 예 메디컬 안의 치과, 성형외과, 내과에서도 일어나서 직원들이 자신감을 갖는 계기가 되었다. 자연히 매출도 증가하여 6개월 후에는 20~30%, 1년이 지나자 전년대비 50% 가까이 성장했다.

　　결과는 성공적이었으므로 한국의 예 메디컬 본사에서는 상하이의 성공사례를 해외의 다른 병원에도 전파하고 싶어했다. 그 결과 2007년 10월에 예 메디컬 글로벌 컨벤션의 주제를 트리즈로 정하고 트리즈 워크숍을 실시했다. 중국 심천 메디컬, 동북3성에 있는 치과 병원장, 베트남에 호치민에 있는 예 메디칼 원장이 트리즈 교육을 받고 워크숍에 참여했다.

상하이 예 메디컬의 사례를 학습하고 각자 운영하고 있는 병원의 문제와 그에 따른 모순해결책을 토론하였다. 이를 계기로 10여 명의 해외 병원 책임자들은 병원경영의 문제를 창조적으로 해결하는 방안을 마련할 수 있었다.

TRIZ CASE 04
비욘세폰의 성공비밀

미국기업들은 구소련 붕괴 이후 재빨리 트리즈 전문가들을 초청하여 기법을 전수받았다. 미국기업으로는 GE, 인텔, 모토로라, 휴렛패커드, 보잉, 엑슨, P&G, 할리 데이비슨 등이 트리즈를 이용하고 있고, 유럽기업으로는 BMW, 지멘스, 페라리, 쉘 오일, 일본기업으로는 도요타, 혼다, 미쓰비시, 히타치 등에서 트리즈를 활용하고 있다.

국내에서는 삼성이 트리즈 이용에 가장 적극적이다. 삼성이 처음으로 트리즈를 알게 된 것은 1996년 4월이다. 당시 삼성종합기술원의 기술자가 일본 기술잡지에 수록된 트리즈 논문을 읽고 그것을 번역해 삼성의 정보망에 띄웠고, 그것을 읽은 삼성SDI의 한 연구원이 트리즈의 중요성을 인식하여 당시 SDI 사장이던 손욱 사장에게 보고했다. 하지만 당시는 삼성이 6시그마를 도입한 초기여서 큰 주목을 받지는 못했다.

1998년에 LG전자가 에어컨 소음 문제해결에 트리즈를 활용한 결과가 잡지에 수록되었다. 이것을 보고 필자김익철는 삼성의 내부메일을 이용해 삼성전자 윤종용 부회장에게 이 내용을 직접 전송했다. 윤 부회장은 이것을 무시하지 않고 해당 사항을 검토하도록 지시했고, 곧 삼성전자 연구소에서 트리즈를 학습하고 실행하게 되었지만 이렇다 할 성과는 나타나지 않았다.

그러나 1999년 초, 손욱 사장의 종합기술원 원장 부임과 삼성전자 VIP 센터 정경한 과장, 삼성전기 한승헌 대리의 트리즈 연구 참가를 기회로 사정은 반전된다. 삼성은 손욱 사장의 지시로 러시아 트리즈 전문가를 채용했고 트리즈 마스터인 니콜라이 코멘코 박사를 초빙, 120시간의 트리즈 교육을 이수했다. 삼성종합기술원은 실무자를 배정하여 트리즈 업무를 담당하도록 했다.

2001년부터 트리즈 도입 성과가 나기 시작함에 따라 DVD 픽업 장치를 개선했다. 픽업은 비디오 헤드와 같은 역할을 하는 장치로 DVD 플레이어에서 DVD와 CD를 재생하는 데 필요한 핵심 부품이다. 문제는 DVD와 CD가 서로 다른 파장의 레이저를 사용하기 때문에 이 둘을 단일 장치로 합치려면 고가의 부품이 필요하다는 것이었다. 트리즈 연구팀은 2개의 레이저 장치를 합치는 대신 레이저감지장치인 포토 디렉터 수를 2개로 늘리는 혁신적인 해법을 제시했고, 곧바로 실행되었다. 이를 통해 얻은 원가 절감 효과만 해도 한 해 2,000

억 원에 달했다.

　DVD 픽업 사례 이후 삼성전자가 트리즈 도입에 발 벗고 나섰다. 트리즈 활성화에 가장 큰 힘을 실어준 것은 윤종용 부회장이다. 수원 사업장의 VIPValue Innovation Program 센터가 트리즈 확산의 진원지가 됐다. 원래 VIP 센터는 가치혁신 전략을 실천하는 가치공학VE: Value Engineering이 주류였다. 그러나 트리즈 성과가 가시화되면서 중심축이 바뀌었다. 2006년 VIP 센터 성과 발표회에서 제출된 사례 중 절반은 트리즈가 차지했다.

　최근에 개발된 비욘세폰의 경우도 트리즈로 만들어낸 성공사례이다. 인간이 발명한 발명품 중 현재 가장 많이 팔리고 있는 것은 휴대폰이다. 연간 10억 대 이상 판매되고 있으며 앞으로는 더욱 늘어날 전망이다. 휴대폰을 처음으로 만든 회사는 모토로라Motorola이다.

　모토로라는 한동안 휴대폰 제조업체 중에 1위를 고수하였으나 노키아Nokia의 출현으로 1위 자리를 내주고 2위에 만족해야 했다. 2위에 머물던 모토로라에게 일격을 가한 회사가 삼성전자이다. 삼성전자가 디지털 휴대폰에서 새로운 기술과 디자인을 앞세워 모토로라를 3위로 끌어내렸다. 노키아, 삼성전자에게 1, 2위를 내준 모토로라는 충격에 빠졌다.

　결국 설립자의 손자인 크리스토퍼 갤빈 회장은 사임했고 새로운

CEO로 에드워드 젠더 회장이 영입되었다. 에드워드 젠더 회장에겐 어떻게 해서든지 삼성전자를 잡고 다시 2위로 복귀해야 하는 미션이 부여됐다. 모토로라는 새로운 컨셉의 휴대폰을 개발하기 위해 테스크포스를 짜고 신기종 개발에 들어갔다.

신기종의 컨셉을 얇고 아름다운 휴대폰으로 하고 두께를 줄이기 위해 여러 가지 시도를 했다. 케이스를 얇게 하고 부품의 두께를 줄였다. 그중 하나가 키보드의 두께를 줄이는 일이었는데 당시 휴대폰의 키보드는 플라스틱 재료를 썼기에 약간 돌출되어 있었다.

모토로라는 키보드의 두께를 줄이기 위해 재료를 플라스틱에서 메탈로 바꾸었다. 이렇게 해서 만들어진 제품이 레이져Razr이고 이 제품은 1억대 이상 판매되어 대히트 상품이 된다. 이 제품으로 인해 모토로라는 삼성전자를 3위로 끌어내리고 2위로 복귀하게 된다.

상황이 반전되자 삼성전자는 모토로라의 레이져를 추격하기 위한 신제품 개발에 들어갔다. 삼성전자의 신기종 개발 컨셉은 '두께를 1cm 이하'로 하고 신소재를 찾았다. 이 정도로 얇으면서 단단함을 유지하려면 금속 소재인 마그네슘 외장재를 써야 한다. 그러나 마그네슘은 원가가 비싸고 제조상의 수율이 낮은 문제가 있다. 삼성전자의 신소재 개발팀은 여러 가지 시도를 해보았지만 마땅히 적합한 소재를 찾을 수가 없었다.

소재개발팀은 단단하면서도 심미성을 갖춘 디자인을 위해 유연한 신소재의 개발 아이디어를 얻어야만 했고, 트리즈의 모순해결검색엔진에 자신들의 문제 상황을 대입했다. 강도가 있으면서 유연성을 갖추어야 한다는 모순을 해결해야 했기 때문에 강도와 모양이 변수가 되었다.

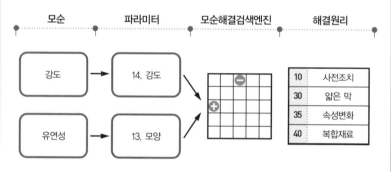

○ 비욘세 폰의 문제해결 과정

강도를 파라미터 '14번 강도'를 대입하고 유연성은 디자인을 위한 유연성인 바 '13번 모양'을 대입하면 위의 4가지의 해결원리가 제시된다.

소재개발팀은 이중 '35번 속성변화'와 '40번 복합재료'에 유념하여서 다른 기술사례를 찾아보았다. 그 결과 유연성을 갖춘 원료와

128

강도가 뛰어난 원료를 혼합하여 새로운 원료를 만들어내는 방법을 찾았다. 결국 유연성이 있는 플라스틱 수지와 뛰어난 강도를 지니고 있는 삼성전자는 유리 섬유를 일정 비율로 혼합해서 세상에 없던 새로운 물질을 탄생시켰다.

○ 강도와 유연성을 갖춘 비욘세폰

바로 이 신소재로 두께 9.4mm의 울트라Ulta 슬림 휴대폰이 만들었다. 강력하면서도 유연성을 갖춘 신소재로 만들어진 울트라 뮤직폰의 이름은 '비욘세폰' 으로 정했다. 비욘세는 미국 여성 팝가수로 유연함과 강력한 파워를 지니고 있어서 얇고 강력한 울트라 뮤직폰의 이미지와도 맞았다.

얇고 강력한 신소재로 만들어진 울트라폰과 비욘세의 이미지가 잘 부합되었는지 해외에 발매한 지 5개월 만에 100만대가 판매되어었다. 삼성전자는 비욘세폰의 성공에 힘입어서 미국시장에서 다시 모토로라를 누르고 2위로 올라설 수 있었다. 다시 삼성전자에게 2위 자리를 내준 모토로라의 에드젠더 회장은 그래그 브라운 회장에게 CEO 자리를 물려주어야 했다.

삼성전기의 중앙연구소에는 러시아의 트리즈 전문가가 3명이나 근무하고 있다. 이들은 러시아에서도 저명한 트리즈 전문가로서 삼성에서 초빙하여 연구소의 기술개발 업무를 돕고 있다. 이렇게 삼성 내에서만 9명의 러시아 트리즈 전문가들이 기술개발을 도우면서 특허 취득 업무에 기여하고 있다.

그동안 삼성전자는 미국 특허를 2,000건 이상 취득했다. 이것은 IBM에 이어서 세계 2위의 기록으로, 삼성이 트리즈를 이용하고 나서 급증한 숫자이다.

삼성에서는 사장에서부터 신입사원에 이르기까지 트리즈 교육을 받고 있다. 이처럼 삼성이 트리즈에 열을 올리고 있는 것은 트리즈가 기술개발에 매우 효과적으로 쓰일뿐만 아니라 비즈니스 문제해결에도 큰 도움이 되기 때문이다.

국내에서는 LG전자, 포스코, SK텔레콤, LS전선 등에서 트리즈를 이용하고 있으나 범그룹적으로 사용하고 있는 기업은 단연 삼성이다. 삼성 내에는 삼성전자, 삼성전기, 삼성SDI, 삼성종합기술원, 삼성코팅정밀유리로 이루어진 삼성트리즈협회STA가 있어서 관계사끼리 고품질의 정보를 공유하고 있다.

삼성은 트리즈 교육에도 가장 적극적이다. 특히 트리즈의 보급에 경영자의 역할이 중요하다고 생각하여 임원이나 간부에게 트리즈 교육을 실시하고 있다. 삼성전기의 경우에 사장을 비롯한 임원 60여명이 이틀 동안 트리즈를 교육을 받기도 했다.

삼성종합기술, 삼성전자, 삼성전기의 연구직은 필수적으로 트리즈 교육을 받고 있으며 전문가 양성을 위해 3개월 동안 별도로 교육을 실시하고 있다. 최근에는 연구직뿐만 아니라 마케팅과 기획, 관리와 같은 비기술직으로 교육기회를 확대하고 있다.

대부분 사내에 전문가를 초청하여 교육을 실시하고 있지만 강의형의 교육에는 물리적인 제한이 따르기 때문에 온라인 e-러닝 과정을 확대하고 있다. 삼성SDS와 크레듀에 이미 여러 개의 트리즈 e-러닝 과정이 개설되어 온라인으로 수강이 가능하다.

e-러닝의 장점은 동시에 많은 인원이 수강할 수 있어서 강의내

용이 빠르게 확산될 수 있는 장점이 있다. 삼성SDS의 트리즈 과정에는 한 달에 4천 여 명이 수강할 정도로 인기가 높다. 일부의 기업에서는 트리즈 책을 이용한 독서 통신교육을 실시하기도 한다. 트리즈는 여러 가지 형태로 교육이 실시되고 있지만 가장 효과가 높은 것은 워크숍 형태로서 참가자가 스스로 자신의 문제를 창의적으로 해결할 수 있기 때문인 것으로 유추된다.

창의력 백과사전, 트리즈피디아

미국에는 트리즈를 이용할 수 있는 소프트웨어를 개발되었다. 트리
즈의 각종 기능을 소프트웨어로 만들어서 필요할 때 컴퓨터에서 이
용할 수 있게 했다. 이 소프트웨어는 미국 특허청과 연결되어 새로운
기술정보 검색에서부터 특허정보 검색까지 가능하다. 기술개발자들
이 새로운 아이디어를 낼 때 이 소프트웨어에 있는 모순해결검색엔
진을 이용하면 그 아이디어와 유사한 기술이 미국 특허에 등록되어
있는지를 순식간에 검색할 수 있다.

　　국내에서도 트리즈 소프트웨어를 이용하여 미국특허청의 특허
정보를 검색하고 새로운 아이디어를 내는데 에 참조하고 있다. 그러
나 소프트웨어는 서버Server 베이스로 온라인으로 운영되는 규모가 크

기 때문에 그 비용이 만만치 않다. 유용성은 매우 우수하나 사용자가 제한되어 있고 모든 자료가 영어로 되어 있어서 트리즈 전문가 중에서도 영어에 능통하지 않은 사람은 보기가 힘들다는 단점이 있다.

트리즈의 모든 기능이 담겨져 있지 않더라도 PC 버전으로 사용할 수 있는 소프트웨어를 찾아봤지만 미국에는 모순해결 매트릭스를 PC 버전으로 만들어놓은 소프트웨어와 인터넷www.TRIZ40.com가 있었다. 그러나 이 PC 소프트웨어는 영어로 되어 있고 기술용 모순해결 매트릭스만을 담고 있어서 비즈니스용으로 이용하기에는 적합치 않았다.

기술용 트리즈를 알아야 할 사람은 기업에서 1% 이내의 R&D 전문가이지만 비즈니스 트리즈를 알면 도움이 될 수 있는 사람은 전체 인구의 40~50%가 넘을 것이다. 경영자, 관리자, 마케팅, 생산, 관리, 지원에 있는 사람들도 자신의 분야에서 창의적인 문제해결 도구로써 트리즈를 이용할 수 있다.

비지니스맨은 대부분의 일을 PC로 처리되기 때문에 항상 PC 앞에 앉아 있다. 회의에도 아예 PC를 들고 들어오는 사람이 늘고 있다. 그렇다면 트리즈의 복잡한 매트릭스나 다양한 해결원리를 암기하거나 책을 들춰볼 필요없이 PC에서 바로 이용이 가능하다면 매우 편리하지 않을까?

그래서 우리는 인터넷에서 바로바로 모순해결검색엔진을 이용할 수 있는 트리즈피디아www.TRIZpedia.com 웹사이트를 개발했다. 트

리즈피디아 사이트에 접속하면 온라인으로 비즈니스용과 기술용의
모순해결검색엔진을 동시에 이용할 수 있다.

트리즈 아이디어 웹사이트에 접속하면 초기화면에서 엔지니어
링과 비즈니스 버전을 선택할 수 있다. 파라미터용 화면은 좌우에 두
개의 파라미터를 선택하게 되어있는데 좌측에 유익한 트리즈 아이디
어 웹사이트에 접속하면 초기화면에서 엔지니어링용인지, 비즈니스
용인지를 선택하게 되어 있다. 비즈니스용을 클릭하면 비즈니스용

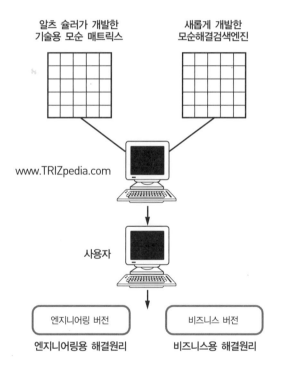

● 트리즈피디아의 이용

파라미터 화면이 뜬다. 파라미터용 화면은 좌우에 두 개의 파라미터를 선택하게 되어 있는데 좌측이 유익한 파라미터이고 우측이 유해한 파라미터이다.

파라미터 구역에 마우스를 가져가면 35가지의 파라미터가 화면에 뜨게 된다. 사용자는 이중에 하나를 클릭하게 되면 파라미터를 선택할 수 있다. 왼쪽에 이어 오른쪽 파라미터를 같은 방법으로 클릭하면 하단에 해결원리 부분에 해당문제를 해결할 수 있는 원리가 추천된다. 추천되는 해결원리는 3~6가지인데 그중 하나를 더블클릭하면 해당 원리에 대한 자세한 설명이 화면에 뜬다.

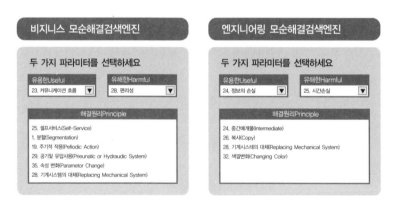

🔴 트리즈피디아 웹사이트의 초기화면

해결원리 화면의 윗부분에는 제시된 원리를 상징하는 그림과 2~4가지 정도의 방법들이 나열된다. 하단 부분에는 각각의 방법을 적용한 사례들이 소개된다.

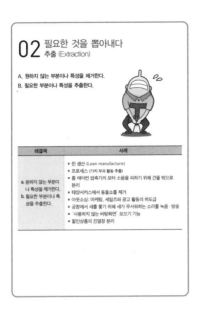

02 필요한 것을 뽑아내다
추출 (Extraction)

A. 원하지 않는 부분이나 특성을 제거한다.
B. 필요한 부분이나 특성을 추출한다.

해결책	사례
a. 원하지 않는 부분이나 특성을 제거한다. b. 필요한 부분이나 특성을 추출한다.	● 린 생산 (Lean manufacture) ● 프로세스 (가치 부과 활동 추출) ● 룸 에어컨 압축기의 모터 소음을 피하기 위해 건물 밖으로 분리 ● 태양서커스에서 동물쇼를 제거 ● 아웃소싱: 마케팅, 세일즈와 광고 활동의 하도급 ● 공항에서 새를 쫓기 위해 새가 무서워하는 소리를 녹음·방송 ● '사용하지 않는 바탕화면' 모으기 기능 ● 할인상품의 진열장 분리

🔼 해결원리의 제시사례

이용자는 각각의 원리를 보면서 자신의 문제를 해결할 수 있는
아이디어를 생각할 수 있다. 이 소프트웨어는 개인이 혼자서 이용할
수도 있지만 브레인스토밍이나 워크숍을 진행할 때 프로젝터로 비추
어 놓고 토의를 하면 좋은 아이디어를 얻을 수 있다.

TRIZ CASE 05
마이크로소프트의 트리즈 이용사례

마이크로소프트는 새로운 소프트웨어를 개발하기 위해 노력하는 것과 함께 경영개선을 위해서도 새로운 아이디어를 낸다. 트리즈 저널에 소개된 마이크로소프트의 비즈니스 트리즈 응용사례를 보면 다음과 같다.

- 2004년 초 마이크로소프트는 SWOT Strength Weakness Opportunity Threat 분석을 통해 전략을 수립하는 과정에서 트리즈를 활용하였다. 외부 환경의 기회와 위협, 내부의 강점과 약점을 각각 모순으로 해석하고 트리즈의 해법을 통해 대응방안을 도출하였다.

- 치열한 경쟁, 글로벌화 등에 대응하여 시장점유율 확대를 위해 종업원수를 늘리는 것은 비용의 증가라는 모순을 만들어내는

상황이었다.

- 개선 특성으로 시장점유율 확대와 악화 특성으로 인건비의 증가를 모순상황으로 정의하였다.
- 해결 원리19, 34를 활용하여 대응방안을 모색하였다.

	해결원리	방법	실행방안
19	주기적 작용	연속적 조치를 주기적 조치로 바꾼다. 작용과 그 다음 작용 사이에 기간을 둔다.	지속적으로 실시하던 소프트웨어 업그레이드를 특정 시점에만 수행한다.
34	폐기 및 재생	기능을 완수하면 폐기한다. 소모된 부분을 작동 중에 복원시킨다.	종업원을 프로젝트 베이스로 전환하고 유사 프로젝트 발생 시 그들을 재고용한다.

● 마이크로소프트의 실행안 탐색

● 해결원리 '19번 주기적 작용'을 응용하여서 지속적으로 실시하던 소프트웨어의 업그레이드를 특정 시점마다 집중해서 수행하는 것으로 전환하였다.

● 해결원리 34번 폐기 및 재생을 응용하여서 종업원을 프로젝

트 베이스로 계약고용하고 유사한 프로젝트가 발생하여 그들을 재고용하였다.

- 대규모 조직을 운영하는 동시에 유연성을 확보해야 하는 모순 상황을 분리의 원칙을 적용하여 해결하였다.
- 부분과 전체에 의한 분리의 원칙을 적용하여 의사결정의 종류를 기술적 의사결정과 관리적 의사결정으로 나눈 후 수행해야 할 업무의 크기에 따라 팀을 재구성하였다.

CHAPTER 03

창의력 자가발전소, 트리즈 플랜

필자김영한는 트리즈를 알기 전에도 수많은 아이디어 플랜을 짜보았
지만 어딘가 조금씩 부족했기 때문인지 시행을 해보면 성공률이 그
다지 높지 않았다. 그래서 스스로 트리즈를 이용해서 새로운 아이디
어를 얻고 그것을 통해 새로운 플랜을 만들고 싶었다.

필자는 기업체에 경영혁신과 마케팅을 교육하는 일을 하고 있는
데 디지털의 등장으로 마케팅에도 디지털 마케팅 기법이 녹아들면서
아날로그 세대로서 위협을 느끼기 시작했다.

우선 자신의 입장을 입체적으로 조망해보는 SWOTStrength, Weak-
ness, Opportunity, Threat 분석을 해보았다. 그 결과 디지털 마케팅 에 있
어서는 비교적 취약하지만 창조경영혁신에는 기회가 보였다. 그래서

과감히 주력 아이템을 마케팅에서 창의력 기법으로 바꾸었다.

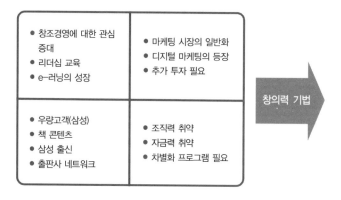

○ 경쟁력 검토를 위한 SWOT 분석

창의력의 활용 실태를 조사해 보니 삼성그룹 관계사는 많은 교육 수요에 비해 구체적인 실천방법이 정립되어 있지 않았다. 또한 창조경영의 실천기법으로 기술 부문에서는 트리즈를 이용하고 있었으

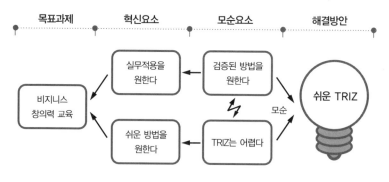

○ 트리즈 보급의 모순해결 과정

나 트리즈가 이론적으로 어렵다는 고정관념이 조성되어 있어서 비즈니스 분야에서는 이용되고 있지 못했다.

창의력 교육을 원하는 기업들은 검증된 기법을 원했지만 트리즈는 너무 어렵다는 모순을 안고 있었다. 그래서 트리즈 스스로가 가지는 있는 모순을 해결하는 것이 새로운 기회라고 생각하고 이 모순을 트리즈 기법을 이용해서 풀어보기로 했다.

고객은 검증된 방법의 창의력 기법을 원한다는 것을 파라미터로 바꾸면 '22번 고객 수요'가 된다. 그리고 트리즈는 어렵다는 것은 '30번 편의성'에 해당된다. 다음으로 모순해결검색엔진에 22번과 30번을 대입해 보면 다음과 같은 5가지의 해결원리가 도출되었다.

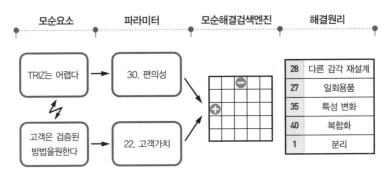

⬆ 트리즈 보급의 문제해결 과정

이 5가지 원리의 의미를 해석해 보면 다음과 같다.

- '다른 감각 재설계'는 다른 장을 이용하여 객체와 상호작용한다.
- '일회용품'은 값싸고 수명이 짧은 것으로
- '특성변화'는 시스템의 물리적 상태 변화
- '복합화'는 강의, 시뮬레이션의 복합화
- '분리'는 물체를 독립적인 하위 시스템으로 나눈다.

이상의 원리를 어떻게 응용할 것인가를 생각해 보았다. '다른 감각 재설계'는 그동안 기술용으로만 이용되었던 트리즈를 비즈니스용으로 응용할 수 있도록 모순해결 매트릭스를 재설계했다. '특성변화'는 모순해결 매트릭스의 난해성을 디지털로 바꾸면 쉽게 이용할

	해결원리	방법	실행방안
28	다른 감각 재설계	다른 장을 이용하여 객체와 상호작용한다.	아이디어 스킬
27	일회용품	값싸고 수명이 짧은 일회용품	책으로 출간
35	특성변화	시스템의 물리적 상태 변화	인터넷 웹사이트 개발
40	복합화	복합자료(강의, 시뮬레이션, 비디오로 훈련)	교육과 소프트웨어 결합
1	포개기	물체를 독립적 하위 시스템으로 나눈다(중앙컴퓨터가 처리하던 작업을 개인용 PC에서 처리).	PC 버전 소프트웨어 개발

○ 트리즈 보급의 실행안 탐색

수 있을 것이라고 생각했다.

인터넷을 뒤지고 트리즈 전문가들을 만나서 비즈니스 트리즈에 대한 자료를 구했다. 영국의 연구논문에서 비즈니스용 모순해결 매트릭스를 찾을 수 있었고 미국에서 PC 버전 소프트웨어를 구할 수 있었다.

새로운 자료를 정리하여 삼성에 가서 강의를 하였다. 삼성 내 트리즈 전문가에게 새로 만든 비즈니스 트리즈를 검증받았다. 몇 개 기업에 새로운 비즈니스 트리즈 모델을 이용하였더니 새로운 전략을 개발하는 데 도움이 되었다.

또한 새로운 전략방향의 컨셉을 '창조백과사전, 트리즈피디아'로 정하고 인터넷 사이트www.TRIZpedia.com를 개발하였다. 지금까지는 창조경영 교육 위주로 진행하여 왔으나 창의력 기법으로 트리즈를 전문화하고 이를 활성화하기 위해 트리즈 책을 저술하고 소프트웨어와 창조백과사전의 개발 등으로 확대할 수 있었다.

앞으로는 트리즈피디어 사이트는 위키피디아Wikipedia와 같이 집단지성의 효과를 유도하는 사이트로 발전시킬 계획이다.

트리즈로 풀어본 아이팟의 탄생

최근 미국 경제전문지인 포춘은 애플의 스티브 잡스 회장을 음악의 성인聖人인 베토벤에 비유했다. 베토벤처럼 창조력이 뛰어난 비즈니스맨이라는 의미로 2007년에 세계에서 가장 파워풀한 CEO로 그를 선정한 것이다.

스티브 잡스는 '다르게 생각하라Think Different' 라는 슬로건을 걸고 직원들의 창의력을 독려하여 새로운 컨셉의 MP3 플레이어인 아이팟iPod을 개발했다. 컴퓨터 회사이었던 애플이 가전제품인 MP3 플레이어를 개발하고 생산하기까지는 수많은 모순이 존재했지만 이것을 창조적으로 해결하여서 세계 최고의 MP3 플레이어를 만들었다. 그는 아이팟을 개발하는 과정에서 오디오 기기를 개발하거나 생산해 본 경험이 없이 대량 생산이 가능한 MP3 생산체계를 구축해야 하는 모순을 해결해야 했다. 그가 어떻게 이 모순을 창의적으로 해결했는가를 트리즈 아이디어의 4단계 프로세스로 분석해 보자.

스티브 잡스는 첫 번째 단계인 목표과제를 '가전제품 생산 시스템 구축'으로 정했다. MP3 플레이어와 같은 가전제품은 연간 수백만 대를 만들어야 생산원가가 낮아지는 제품인데 애플은 이런 제품을 만들어 본적도 없고 생산시설도 갖추지 못한 상태였다.

두 번째 단계로 모순을 제거하기 위한 방법은 무엇이 있을까? 대중적 수요가 있다는 것은 파라미터 '21번의 고객의 수요'이고 대량 생산 경험이 없는 애플의 입장에서는 생산과정에 수많은 위험을 안고 있기 때문에 파라미터는 '9번의 생산리스크'이다. 21번과 9번 파라미터를 모순해결 매트릭스에 대입하면 모순해결의 아이디어가 나온다. 해결원리를 찾는 세 번째 단계에서 다음의 5가지의 해결원리가 제시되었다.

- 13번 역방향
- 22번 전화위복
- 7번 포개기
- 24번 중간매체
- 29번 유동성

트리즈 아이디어 전개 과정을 워크시트로 정리해보자.

TRIZ Idea Worksheet

T Targeting (목표과제)

(과제) 가전제품 생산 시스템 구축(팀) 및 아이팟 생산

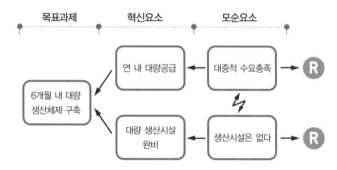

목표과제　　　　혁신요소　　　　모순요소

연 내 대량공급 ← 대중적 수요충족 **R**

6개월 내 대량 생산체제 구축

대량 생산시설 완비 ← 생산시설은 없다 **R**

R Reducing (모순제거)

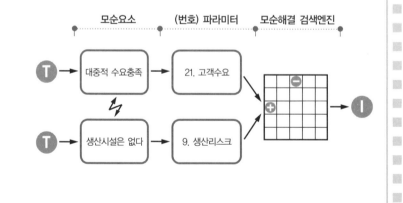

모순요소　　　(번호) 파라미터　　모순해결 검색엔진

T → 대중적 수요충족 → 21. 고객수요

T → 생산시설은 없다 → 9. 생산리스크

I

Imagination (아이디어 창출)

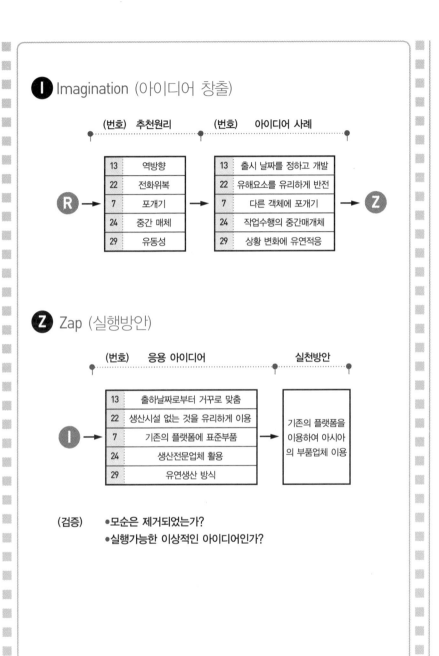

Zap (실행방안)

(검증) ● 모순은 제거되었는가?
● 실행가능한 이상적인 아이디어인가?

사원부터 CEO까지 트리즈로 무장하라

> 미래에는 단순한 경쟁Competition이 아닌
> 초경쟁Supetition을 해야 한다. 초경쟁이란 새로운 '독점가치
> Value monopolies'를 창조하는 것이다.
>
> – 에드워드 드 보노, 수평적 사고의 창시자 –

우리는 지난 10년 동안 '혁신'의 벽을 넘기 위해 끊임없이 노력해왔다. 경영혁신부터 프로세스 혁신, 품질 혁신, 마케팅 혁신까지 우리가 당면한 과제는 모두 혁신에 가치를 두었다. 그러나 결과는 어떠한가? 시도만 많았을 뿐 실제로 '혁신'된 것은 그리 많지 않다는 것에 많은 사람들이 동의할 것이다.

과거에 비해 제품, 경영방식, 업무방식까지 변한 것이 별로 없다. 특히 기술이 발달함에 따라 업무처리속도는 빨라졌지만 그에 비해 특히 사람의 마인드와 생각하는 방식이 발전하지 못한 것은 우리가 주목해야할 점이다.

경영의 기본은 사람이다. 즉 일하는 사람의 생각하는 방식이 바

뀌지 않는 한 혁신을 기대하는 것은 무리다. 기업의 비전은 창조경영을 실현하는 것이라지만 정작 그것을 실행해야 할 사람들은 도무지 창의적으로 사고하고 일하는 법을 알지 못한다. 이것은 문제를 해결해야 할 사람들이 더 잘 알고 있다. 더 기가 막힌 것은 '나는 창의적이지 못하다'고 생각하면서 그 문제를 넘어설 시도도 하지 않는 사람들의 태도이다. 그러나 앞에서 거듭 강조한 것과 같이 창의성은 충분히 후천적으로 발달할 수 있는 인간의 내재된 재능이다.

"우리는 아이디어와 창의성으로 승부해야 하는 경쟁의 시대에 살고 있다. 불행히도 아직도 많은 사람들이 창의력을 후천적인 학습을 통해 발전할 수 없다고 알고 있다. 그러나 누구나 창의적인 사람이 될 수 있다. 창의성의 프로세스는 학습이 가능하다"고 트리즈 창안자인 겐리히 알츠 슐러는 말했다. 러시아에서는 초등학교 때부터 창의성 훈련을 위해 트리즈를 가르치고 미국의 대학은 트리즈를 학습하고 있다. 적절한 기법과 방법을 통해 훈련을 하면 창의성도 얼마든지 향상될 수 있다. 트리즈는 천재들의 생각의 지도를 펼쳐내어 문제를 해결할 수 있는 아이디어를 찾아주는 아이디어 내비게이터이기 때문이다.

창의성은 개인뿐만 아니라 기업 입장에서도 중요한 과제이다. 삼성의 이건희 회장은 "천재적인 직원 하나가 평범한 직원 천 명을 능가한다"고 했다지만 어느 한 사람의 순간적인 아이디어만으로 지속적인 창조 사이클이 만들어지지 않기 때문이다. 이런 이유에서 구글Google은 창의적 인재를 확보하고 그들이 일할 수 있는 환경 조성에 모든 총력을 기울이고 있다. 창의적인 인재 확보 못지않게 중요한 것은 그들이 끊임없이 새로운 아이디어를 내고 실행할 수 있는 근무 환경을 조성하고 조직문화를 만드는 것이다.

우리 기업들도 세계 최고의 기업들과의 경쟁에서 살아남으려면 세계일류상품이나 서비스를 개발하여 고객에게 최고의 가치를 제공해야 하고 그러기 위해서는 조직의 집단 창의력을 키워나가야 한다. 또한 창의적인 인재를 양성하고 조직문화를 만들기 위해서는 조직원이 공유할 수 있는 창조적인 방법론이 있어야 한다.

우리는 트리즈를 창조경영을 실현하는 최적의 기법으로 자신있게 권한다. 이 책을 집필하는 동안 우리는 과거에 얼마나 많은 모순의 벽에 부딪혀 스스로 우리의 가능성을 가두어왔는지 깨닫고 안타까워했다. 이제 트리즈로 잠재된 창조 에너지를 깨워 창조적 리더에 도전해 보자.

Supplement

부록

1. 트리즈 아이디어 워크시트
2. 35가지 비즈니스 파라메터
3. 40가지 비즈니스 해결원리
4. 모순해결검색엔진

UNIT 01 트리즈 아이디어 워크시트
TRIZ Idea Worksheet

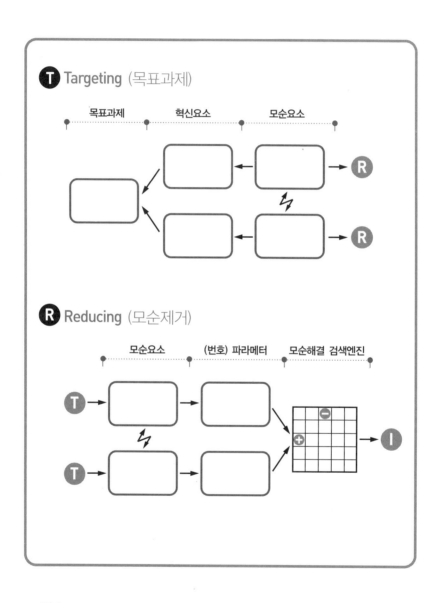

T Targeting (목표과제)

목표과제 혁신요소 모순요소

R

R

R Reducing (모순제거)

모순요소 (번호) 파라메터 모순해결 검색엔진

T

T

I

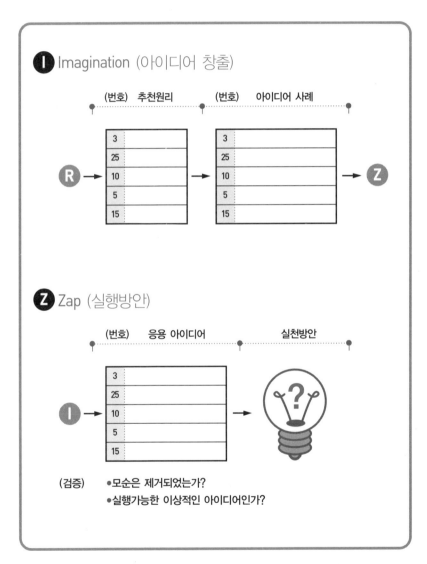

I Imagination (아이디어 창출)

(번호) 추천원리	(번호) 아이디어 사례
3	3
25	25
10	10
5	5
15	15

R → → Z

Z Zap (실행방안)

(번호) 응용 아이디어	실천방안
3	
25	
10	
5	
15	

I →

(검증)
- 모순은 제거되었는가?
- 실행가능한 이상적인 아이디어인가?

UNIT 02 35가지 비즈니스 파라미터

01. R&D 능력 (R&D capability)

02. R&D 비용 (R&D cost)

03. R&D 시간 (R&D time)

04. R&D 리스크 (R&D risk)

05. R&D 연결 (R&D interface)

06. 생산 품질 (Production quality)

07. 생산 비용 (Production cost)

08. 생산 시간 (Production time)

09. 생산 리스크 (Production risk)

10. 생산 연결 (Production interface)

11. 공급 품질 (Supply quality)

12. 공급 비용 (Supply cost)

13. 공급 시간 (Supply time)

14. 공급 리스크 (Supply risk)

15. 공급 연결 (Supply interface)

16. 서비스 품질 (Service quality)

17. 서비스 비용 (Service cost)

18. 서비스 시간 (Service time)

19. 서비스 리스크 (Service risk)

20. 서비스 연결 (Service interface)

21. 고객 수요 (Customer demand)

22. 고객 가치 (Customer value)

23. 고객 판촉 (Customer promotion)

24. 고객 유통 (Customer channel)

25. 인간관계 (Human relation)

26. 정보의 양 (Amount of information)

27. 커뮤니케이션 흐름 (Communication flow)

28. 시스템에 미치는 유해한 요소 (Harmful factor affecting system)

29. 시스템이 만들어내는 유해한 요소 (System generated harmful factor)

30. 편리성 (Convenience)

31. 적응성 (Adaptability)

32. 시스템 복잡성 (System complexity)

33. 콘트롤 복잡성 (Control complexity)

34. 긴장 스트레스 (Tension/stress)

35. 안정성 (Stability)

UNIT 03 40가지 비즈니스 해결원리

01. 분리 (Segmentation)

02. 추출 (Extraction)

03. 국부적 품질 (Local Quality)

04. 비대칭 (Asymmetry)

05. 통합 (Consolidation)

06. 다용도 (Multifunction)

07. 포개기 (Nesting)

08. 부양하기 (Counterweight)

09. 사전반대조치 (Prior Counteraction)

10. 사전조치 (Preliminary Action)

11. 사전예방조치 (Preliminary Compesation)

12. 긴장완화 (Premove Tension)

13. 역방향 (Do it Reverse)

14. 곡선화 (Curvature Increase)

15. 역동성 (Dynamicity)

16. 초과나 과부족 (Partial or Excessive Action)

17. 차원변화 (Dimension Change)

18. 진동 (Vibration)

19. 주기적 작용 (Periodic Action)

20. 유용한 작용의 지속 (Continuity of Useful action)

01 쪼개어 사용한다
분리 (Segmentation)

A. 대상이나 시스템을 독립적인 부분으로 나누어라.
B. 대상이나 시스템을 분리하기 쉽게 만들어라.
C. 세분화의 정도를 증가시켜라.

해결책	사례
a. 대상이나 시스템을 독립적인 부분으로 나누어라.	• 제품 단위별로 조직 분할 • 시장 세분화: 잠재 구매자들을 공통 요구를 가진 그룹으로 무리 짓기 • 대규모 프로젝트에서 작업단위별로 분리 • 독립적인 세일즈 지역 센터 • 카테고리에 따른 광고의 분리와 구분
b. 대상이나 시스템을 분리하기 쉽게 만들어라.	• 단기 프로젝트에서 임시 직원 고용 • 판매를 영구적인 것과 대체할 부분으로 나누고, 끊임없이 새로운 구매를 요구하라 • 모듈화된 가구나 컴퓨터 부품
c. 세분화의 정도를 증가시켜라.	• 고객의 다층화를 고려해 계층별로 샘플링 배열 • 제품광고 미니키트

160

02 필요한 것을 뽑아내다
추출 (Extraction)

A. 원하지 않는 부분이나 특성을 제거한다.
B. 필요한 부분이나 특성을 추출한다.

해결책	사례
a. 원하지 않는 부분이나 특성을 제거한다. **b.** 필요한 부분이나 특성을 추출한다.	• 린 생산 (Lean manufacture) • 프로세스 (가치 부과 활동 추출) • 룸 에어컨 압축기의 모터 소음을 피하기 위해 건물 밖으로 분리 • 태양서커스에서 동물쇼를 제거 • 아웃소싱: 마케팅, 세일즈와 광고 활동의 하도급 • 공항에서 새를 쫓기 위해 새가 무서워하는 소리를 녹음·방송 • '사용하지 않는 바탕화면' 모으기 기능 • 할인상품의 진열장 분리

03 모든 것이 똑같을 필요는 없다
국부적 품질 (Local Quality)

A. 물체/환경을 균질 상태에서 비균질 상태 구조로
B. 여러 부분이 서로 다른 기능을 수행하게 한다.
C. 물체의 각 부위가 최상의 작동 조건을 갖추게 한다.

해결책	사례
a. 물체/환경을 균질 상태에서 비균질 상태 구조로	• 지역 특성에 따라 다른 판촉 프로그램 • 획일적인 급여 구조 탈피 (능력급 지급) • 가변시간(Flexible Time) 운영 • 프랜차이즈 패스트 푸드점은 공통적인 메뉴 외에 그 지역 특유의 메뉴가 있다. • 제품 특성에 따라 생산공장의 품질 수준을 다르게 한다.
b. 여러 부분이 서로 다른 기능을 수행하게 한다.	• 소프트웨어의 customizing(맞춤형 상품) • 식반은 각기 다른 음식을 담게 여러 형태의 모양을 갖춘다.
c. 물체의 각 부위가 최상의 작동 조건을 갖추게 한다.	• 공장과 유통 센터를 고객과 근접하게 배치 • 지역 고객들에 대한 정보를 얻기 위해 지역 주민 고용 • VIP 고객을 위한 특별한 판촉 프로그램

04 대칭이라면 비대칭으로 바꾸어 본다
비대칭 (Asymmetry)

A. 대칭형을 비대칭형으로
B. 이미 비대칭형이라면 비대칭 비율을
   높인다.

해결책	사례
a. 대칭형을 비대칭형으로 **b.** 이미 비대칭형이라면 비대칭 비율을 높인다.	• B2C 시장과 B2B 시장의 마케팅 전략 차이 • 신흥시장과 성숙시장의 영업 전략 차이 • 아날로그 고객과 디지털 고객의 판촉 차이 • 말레이시아 페트로나스 타워 건설 현장: 2미터 높이 차를 두고 크레인 설치 • PDP에서 청색 형광체의 휘도가 불충분해 화면이 어둡다. 과거 크기가 같던 셀 크기를 청색만 넓게 만들어 밝기를 개선 • 판매에 영향을 미치는 편견에 영향을 주는 시간(주기)으로부터 벗어남 (겨울 아이스크림 판매 등)

05 여러 작업을 동시에
통합 (Consolidation)

A. 동일, 유사, 연관된 기능을 수행하도록 결합/통합한다.
B. 비슷한 작업을 모은다.

해결책	사례
a. 동일, 유사, 연관된 기능을 수행하도록 결합/통합한다.	• 비즈니스 상승작용: 제휴, 동맹 • 쇼핑몰 단지 조성 • 멀티상영관 • '젊은 기술자의 아이디어와 나이 든 기술자의 경험'을 융합
b. 비슷한 작업을 모은다.	• 비슷한 작업을 함께 모은다 • 판매 세트, 할인 패키지 • 이웃상점과 서비스 쿠폰 연계 • 다양한 혈액 검사를 동시에 할 수 있는 의료 진단기기

06 하나의 부품을 여러 용도로
다용도 (Multifuction)

A. 한 물체가 다른 물체의 기능까지 수행한다.
B. 표준화된 특성 활용

해결책	사례
a. 한 물체가 다른 물체의 기능까지 수행한다.	• 다기능 제품 (핸드폰 카메라) • 직원들의 다기능화 (스타벅스의 바리스타) • 침대 겸 소파를 이용, 공간을 절약한다. • 광고와 판촉 기능을 동시에 갖춘 마케팅 대행사 • 쇼핑몰과 옥션 기능을 갖춘 오픈마켓
b. 표준화된 특성 활용	• 표준화된 부품을 사용하여 개발기간 단축 • 국제품질 기준 채택으로 수출 확대

07 집어넣기
포개기 (Nesting)

A. 하나의 객체를 다른 객체 속에 넣는다.
B. 하나의 객체가 다른 객체의 구멍을 통과한다.

해결책	사례
a. 하나의 객체를 다른 객체 속에 넣는다.	• 상점 속에 상점 (꽃가게, 커피 전문점) • 은행 내의 작은 은행 (ATM기) • 극장 내의 팝콘 판매소 • 병원 안의 할인점
b. 하나의 객체가 다른 객체의 구멍을 통과하게 한다.	• 우수 고객에게 특별 세일즈 • 카지노 호텔 건축 구조(라스베가스 스타일) 　– 손님은 화장실에 갈 때도 game 지역을 통과해야 한다. • 보험거래 고객에게 펀드상품 판매

08 중력으로부터 무게를 끌어당긴다
부양하기 (Counterweight)

A. 물체를 부력이나 상승력이 있는
   다른 물체에 결합시킨다.
B. 침체하는 문제를 여러가지 힘을
   이용해 부양시킨다.

해결책	사례
a. 물체를 부력이나 상승력이 있는 다른 물체에 결합한다.	• 매출액이 줄어드는 품목을 매출이 증가하는 다른 품목과 연결하여 판매함으로써 매출을 호전시킨다. • 유행을 타는 물건은 'New'란 단어와 결합한다. • 영화 동시상영 • 헬륨 가스가 든 풍선에 광고물을 매단다.
b. 침체하는 문제를 여러가지 힘을 이용해 부양시킨다.	• 비즈니스 추진력과 마케팅을 위한 글로벌 이벤트, 세일즈와 광고 프로모션의 이용 • 브랜드 있는 업체와의 협력 • 미디어, 영화, 비디오, 콘서트, 스포츠 게임을 통한 광고 • 업계 리더를 벤치마킹 • '챔피언 고객은 항상 우리 제품을 산다' – 잘 알려진 유명인사들의 지지를 광고에 활용

09 사전에 반대방향으로 조치를 취한다
사전반대조치 (Prior Counteraction)

A. 유해한 효과 제거를 위해 사전에 반대
조치를 취한다.
B. 사전에 반대에 대한 압력을 가한다.

해결책	사례
a. 유해한 효과 제거를 위해 사전에 반대 조치를 취한다.	• 특허, 면허, 저작권 등 재산권리 보호를 이용 • 해고 전에 보상, 전직 알선, 의사소통 패키지를 미리 준비한다. • 프로젝트 착수 전에 위험을 측정하고 행동 수칙을 정의한다. • 부정적인 고객 유형은 사전 거절
b. 사전에 반대에 대한 압력을 가한다.	• 프로젝트가 시작되기 전, 팀 빌딩 활동 • 변화와 혁신 시 저항을 줄이기 위해, 영향력 있는 직원, 고참들을 끌어들여 변화계획 수립에 참여하게 한다. • 고객 테스트, 리스크가 높은 새 상품이나 서비스의 파일럿 세일즈 • 철도 레일 이음새– 온도 변화에 따른 레일 팽창/수축을 감안

10 사전에 조치를 취한다
사전조치 (Preliminary Action)

A. 사전에 요구되는 작용을 수행한다.
B. 시간 손실이 없도록 사전 준비

해결책	사례
a. 사전에 요구되는 작용을 수행한다. **b.** 시간 손실이 없도록 사전 준비	• JIT (Just-In-Time) 공장에 간판 배치 • 회의를 하기 전에 안건을 배포 • "나무를 베는 데 8시간이 필요하다면, 나는 도끼를 가는데 6시간을 쓸 것이다" – Abraham Lincoln • 낚시 전에 떡밥을 뿌려놓는다. • 조선소에서 도크 없이 선박 건조 시 사전 조치 • 제품/서비스가 디자인 되기 이전의 사전 시장조사 • 제품이나 서비스가 개발되는 단계에서의 사전 광고 • 중간 구성단계의 제품 판매 • 사전 지불 카드

11 사전에 예방조치를 취한다
사전예방조치 (Preliminary Compensation)

A. 사전에 안전조치, 예방조치를 취한다.

해결책	사례
a. 사전에 안전조치, 예방조치를 취한다.	• PC 데이터를 백업해 놓음 • 수시로 Anti-Virus 소프트웨어를 실행 • 의자를 없애, 짧고 효과적인 미팅 촉진 • 고속도로 난간의 충격 흡수가 큰 타이어 • 시나리오 플랜, 시나리오 로드맵: 과전류 유입 시 퓨즈는 자동 훼손 되고 전원이 차단됨 • 스프링 쿨러: 연기/온도를 감지하여 화재를 방지함 • 승용차 에어백, 구명 보트를 갖춘 배, 보조 낙하산 • 판매량이 떨어지는 것에 대비 판매망을 분산 • 고객 불만 및 갈등 해결에 대응하는 시스템 구축

12 들어서 옮길 필요가 없다
긴장완화 (Remove Tension)

A. 긴장 해소를 위해 환경을 변화시킨다.
   (물체의 위치 변경이 어려울 때 사용한다.)

해결책	사례
a. 긴장 해소를 위해 환경을 변화시킨다. (물체의 위치 변경이 어려울 때 사용한다.)	● 커뮤니케이션은 격렬하면서도 따뜻해야 한다. ● 파나마 운하: 해면의 높이 차이를 해결을 위해 갑문식으로 설계 ● 임시로 사용하는 무료 제품 이나 서비스를 구매로 유도 ● 지역언어 광고

13 반대로 한다
역방향 (Do It in Reverse)

A. 반대 작용을 실행한다.
B. 움직이는 부분을 고정시키고
   고정된 부분을 움직인다.
C. 물체를 돌리거나, 뒤집는다.

해결책	사례
a. 반대 작용을 실행한다. (예를 들어, 가열 대신 냉각)	• 경기 침체기에 조직 축소 대신 공격적인 조직 확산 • 최상 대신에 최악을 대비하는 벤치마킹 • 패스트푸드를 슬로 푸드로 • 카페에서 커피를 파는 대신 입장료를 받는다.
b. 움직이는 부분을 고정시키고 고정된 부분을 움직인다.	• 이동도서관 • 출퇴근 ↔ 재택근무.
c. 물체를 돌리거나, 뒤집는다.	• 재고품을 만들기 보다는 고객 주문제작 • 고객이 가격 결정 • Push 마케팅에서 Pull 마케팅

172

14 직선을 곡선으로 바꾼다
곡선화 (Curvature Increase)

A. 직선부분을 곡선 부분으로, 평면을 곡면으로, 정육면체를 구 모양으로 변경

B. 직선운동을 회전 운동으로 변경, 원심력을 활용한다.

해결책	사례
a. 직선부분을 곡선 부분으로, 평면을 곡면으로, 정육면체를 구 모양으로 변경	• 인체공학적인 책상 및 작업공간 설계 • 보르도TV가 TV 디자인을 4각형에서 5각형으로 바꾸고 곡선으로 처리 • 나선형 계단: 공간 효율 향상, 미적 요소 • 아라비아 칼은 반원형으로 되어 있어 훨씬 더 적은 힘으로 물체를 자를 수 있을뿐만 아니라 칼의 강도도 강하다.
b. 직선운동을 회전 운동으로 변경, 원심력을 활용한다.	• 리더의 순환 근무 • 순환하는 PDCA 싸이클 활용 • 반복 및 설계 루프 • 부진한 영업소와 잘되는 영업소의 책임자 순환 근무

15 부분, 단계마다 자유롭게 움직이기
역동성 (Dynamicity)

A. 상황 마다 최고의 능력을 발휘하도록 바꾼다.
B. 움직일 수 있게 한다.

해결책	사례
a. 상황 마다 최고 능력을 발휘하도록 바꾼다.	• 고객대응팀/즉각적 반응부대 • 내진 설계: 지진 충격 흡수장치, 베어링, 움직이는 건물 • 자동차 전동 거울, 의자, 핸들 조정 장치, 도로 연동 신호
b. 움직일 수 있게 한다.	• 퍼니처 온라인 쇼핑: PC에서 제품을 돌려가며 볼 수 있음 • 자바라 도어 • 이동소매점 • 이동식 순회 판촉

16 지나치지 않으면 부족하게 한다
초과나 과부족 (Partial or Excessive Action)

A. 많거나 적게 해서 문제를 해결한다.

해결책	사례
a. 많거나 적게 해서 문제를 해결한다.	• 파레토 법칙처럼 상위 20% (high return)에 집중 • 新 시장 진입시, 모든 미디어에 의한 융단 폭격식 광고 • 약간만 자른 포장지: 개봉하기가 쉽다. • 자동차 사이드 미러: 세게 밀면 뒤로 젖혀져 버린다. • 고객만족을 위해 기대치를 낮게 잡음 • 가격의 9, 99, 999 정책 • 늦게 배달하는 것은 무료 정책

17 X축 혹은 Y축 등으로 차원을 바꾸어 본다 차원변화 (Dimension Change)

A. x축,y축 등으로 차원 변화 물체운동을 1, 2, 3차원으로 바꾼다.
B. 아날로그를 디지털로 바꾼다.
C. 반대 측면에서 바라보고 활용한다.

해결책	사례
a. x축,y축 등으로 차원 변화 물체운동을 1, 2, 3차원으로 바꾼다.	• 매트릭스 조직도 '라인' 관리에서 '프로젝트' 관리로 전환 • 기판의 집적도를 높이기 위해 다층기판을 사용
b. 반대 측면에서 바라보고 활용한다.	• 조직을 외부에서 관찰 • 판매 프로세스를 보는 새로운 방법 – 카페트를 파는 대신 대여함, 고객은 카페트 구입비와 설치비 대신 매월 서비스 비용을 지불한다.
c. 아날로그를 디지털로 바꾼다.	• 쇼핑몰을 아날로그에서 온라인 쇼핑몰로 바꾼다 • 교육방법을 아날로그에서 e-러닝으로 바꾼다 • 영상정보를 아날로그에서 디지털 미디어로 바꾼다

176

18 진동을 이용한다
진동 (Vibration)

A. 진동을 이용한다.
B. 빈도를 증가하라.

해결책	사례
a. 진동을 이용한다.	● 여행을 통한 발상전환 ● 조직 개편을 통한 조직 활성화 ● 진동 전동 면도기 ● 초음파 세척기 등 (안경)
b. 빈도를 증가하라.	● 다양한 방식으로 고객과의 접촉 증가 ● 광고의 노출 횟수를 증가 ● 인터넷을 이용한 이메일 커뮤니케이션 증가

19 연속적으로 하지 않고 주기적으로 한다
주기적 작용 (Periodic Action)

A. 연속적인 조치를 주기적인 조치로 바꾼다.
B. 작용과 그 다음 작용 사이의 시간 터울을
   이용한다.

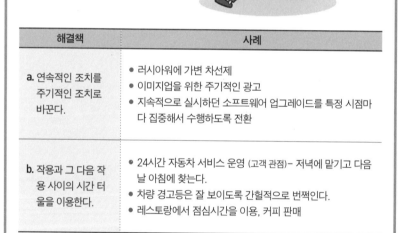

해결책	사례
a. 연속적인 조치를 주기적인 조치로 바꾼다.	• 러시아워에 가변 차선제 • 이미지업을 위한 주기적인 광고 • 지속적으로 실시하던 소프트웨어 업그레이드를 특정 시점마다 집중해서 수행하도록 전환
b. 작용과 그 다음 작용 사이의 시간 터울을 이용한다.	• 24시간 자동차 서비스 운영 (고객 관점)– 저녁에 맡기고 다음 날 아침에 찾는다. • 차량 경고등은 잘 보이도록 간헐적으로 번쩍인다. • 레스토랑에서 점심시간을 이용, 커피 판매

20 유용한 작용을 쉬지 않고 지속한다
유용한 작용의 지속 (Continuity of Useful action)

A. 모든 부품이 풀가동 상태로 작동되게 한다.
B. 동작 중단이나 간헐적 동작을 없앤다.

해결책	사례
a. 모든 부품이 풀가동 상태로 작동되게 한다.	• 공장에서 병목구간 운용을 지속적으로 하여 작업이 최적 속도에 도달하도록 한다. • 레미콘 차 회전: 재료를 섞고, 굳지 않게 한다. • 건설: 콘트리트가 굳도록 열풍기를 지속적으로 가동한다.
b. 동작 중단이나 간헐적 동작을 없앤다.	• 업무가 중단된 동안 교육훈련 실시 • 스키장의 여름 골프장 • 보일러 판매점의 여름철 에어컨 판매

21 유해한 것은 빨리 진행한다
고속처리 (Rushing Through)

A. 유해하거나 위험한 요소를 제거하기 위해
   고속으로 수행한다.

해결책	사례
a. 유해하거나 위험한 요소를 제거하기 위해 고속으로 수행한다.	• 빠르게 실패하고, 빠르게 학습함 • 문제 있는 프로세스의 빠른 회복 • 빠르게 모형제품을 만든다. • 신문 인쇄 잉크는 고온의 히터로 가열하여 말린다. • 플라스틱은 온도전파, 변형방지를 위해 빨리 잘라낸다.

22 유해한 것은 좋은 것으로 바꾼다
전화위복 (Convert Harmful to Useful)

A. 바람직한 효과를 얻기 위해
   해로운 요소(특히 환경요소)를
   활용한다.
B. 유해한 요소를 결합해서 유해
   함을 제거한다.
C. 유해한 정도를 증가시켜 더 이
   상 유해하지 않게 한다.

해결책	사례
a. 바람직한 효과를 얻기 위해 해로운 요소(특히 환경요소)를 활용한다.	• 갈등상황을 win-win 상황으로 바꿈 (예, 가격을 낮추는 대신 장기 계약을 체결) • 독성물질을 연구해, 독성물질로 부터 보호하는 방법을 찾는다.
b. 유해한 요소를 결합해서 유해함을 제거한다.	• 홈쇼핑에서 마감임박을 알려서 재고를 처리 • 경쟁에 대한 두려움을 도입함으로써, 변화에 대한 두려움을 없앤다.
c. 유해한 정도를 증가시켜 더 이상 유해하지 않게 한다.	• 제품의 공급을 제한하여 희소가치를 만들어낸다. (예: 어떤 스포츠카 제조회사는 자동차에 대한 수년간의 대기 목록을 유지하는 정책을 고수한다) • 산불을 막기 위해 맞불을 지른다.

23 피드백을 도입한다
피드백 (Feedback)

A. 피드백을 도입한다.
B. 시스템의 효율 향상과 밀접한 발명원리

해결책	사례

a. 피드백을 도입한다.
– 시스템의 효율 향
상과 밀접한 발명
원리
	• 고객의 소리(VOC) 듣기
	• 설계 프로세스에 고객을 참여시킨다.
	• 히터의 온도를 정확히 유지하기 위해 온도 센서를 통해
	  히터에 흐르는 전류를 조절한다.
	• 인터넷 서점에 방문한 독자들에게 온라인 서평을 쓰게 함
	  다른 독자들이 이것을 전문 서평보다 더욱 선호하기 때문
	• 고객 커뮤니케이션을 위해 무료 전화번호
	• 웹사이트의 커뮤니티

24 직접하지 않고 중간매개물을 이용한다
중간매개물 (Intermediate)

A. 작용을 수행하거나 전달하기 위해 매개체를
   사용한다.
B. 쉽게 제거할 수 있는 매개체를 임시로 도입
   한다.

해결책	사례
a. 작용을 수행하거나 전달하기 위해 매개체를 사용한다.	● 외부 R&D 조직 ● 외주생산 ● 제3자 품질검사 ● 판매대행사 ● 병원의 코디네이터 ● 배송 시스템은 핵심 분류 센터를 이용 ● 인터넷 쇼핑몰에서 전문숍
b. 쉽게 제거할 수 있는 매개체를 임시로 도입한다.	● 컨설턴트 고용 ● 어려운 협상 중 제 3의 단체 이용

25 기능이 자동으로 수행되게 한다
셀프서비스 (Self-Service)

A. 객체나 시스템이 자체적으로 기능을 완성한다
B. 버리는 자원과 에너지를 이용

해결책	사례
a. 객체나 시스템이 자체적으로 기능을 완성한다.	● 내부혁신팀 (변화관리팀) ● 슈퍼마켓의 바코드는 즉각적인 가격 정보를 제공하는 동시에 미래 마케팅 의사결정을 돕기 위한 정보를 수집한다. ● (화장실) 손 씻는 세면대 – 센서를 부착하여 물을 효율적으로 사용한다.
b. 버리는 자원과 에너지를 이용	● 퇴직자를 재고용해 그들의 경험이 필요한 업무에 투입한다. ● 자원 재활용

26 복잡하고 비싼 것 대신 간단한 것으로 복사한다 대체수단 (Copy)

A. 취약하고 비싼 객체 대신 간단하
고 값싼 복제품을 사용
B. 비가시적인 것을 가시적인 것으
로 대체한다.
C. 이미 가시적이라면 다른 시각화
방법을 이용한다.

해결책	사례
a. 취약하고 비싼 객체 대신 간단하고 값싼 복제품을 사용	● 세미나 참석 대신 오디오 테이프를 듣는다. ● 맞선을 보기 전에 대상자의 사진을 미리 본다. ● 희귀한 고서/고문서를 스캔하여, 모두가 열람할 수 있도록 하고 원본은 보호한다.
b. 비가시적인 것을 가시적인 것으로 대체한다.	● 해외 출장 시 일반 회의 참석 대신 영상회의를 한다. ● 개인일정표를 사내 인트라넷으로 관리한다. ● 프랜차이징: 마크 라이센싱
c. 이미 가시적이라면 다른 시각화 방법을 이용한다.	● 고객만족도 평가 ● 인터뷰/설문지 같은 다양한 방법을 이용해 종업원의 도덕성, 사기를 평가한다. ● 감지된 고객 요구에 반응하기 ● 강의식 교육을 케이스 스터디나 e-러닝으로 대체

27 한 번 쓰고 버린다
일회용품 (Dispose Life)

A. 값싸고 수명이 짧은 또는 일회용으로 바꾼다.

해결책	사례
a. 값싸고 수명이 짧은 또는 일회용으로 바꾼다	• 숫자 시뮬레이션 – 기능 분석용, Pilot 훈련용 (가상 전쟁 게임, 가상 비즈니스 개선) • 일회용 종이 제품을 사용함으로써 내구재를 청소, 보관하는 비용을 절감할 수 있다. • 텔레마케팅과 전화조사에서 임시직 고용 • 판매촉진용 쿠폰 • 관광지에서 부대 수입보다는 입장료 수입을 증가시킨다

28 기계적 시스템은 광학, 음향시스템으로 바꾼다 다른 감각 재설계 (Another sense)

A. 기계적 장치를 광학, 음향, 다른 감각으로 대체
B. 다른 장(전기장, 자기장 등)을 이용하여 객체와 상호작용하게 한다.
C. 장을 다음 장과 같이 변화시킨다.
D. 장을 다른 입자와 함께 사용한다.

해결책	사례
a. 기계적 장치를 광학, 음향, 다른 감각 (시각, 청각, 미각, 촉각, 후각)으로 대체한다.	• 마켓에서 갓 구운 빵의 냄새를 퍼뜨려 홍보 • 가스 누출을 알리기 위해 악취 나는 물질을 가스에 첨가
b. 다른 장(전기장, 자기장 등)을 이용하여 객체와 상호작용하게 한다.	• 자동 GPS센서는 중앙 통제센터에 배달용 트럭이나 택시의 위치를 알려준다.
c. 장을 다음 장과 같이 변화시킨다 ①움직이지 않는 장을 움직이는 장으로 ②고정된 장을 시간에 따라 변하는 장으로 ③불규칙한 장을 체계적인 장으로	• 현장순회관리(Management by Walking Around) • 정적인 것을 동적인 것으로 변화
d. 장을 다른 입자와 함께 사용한다.	• 교통량 조절을 위한 라디오 자동 무선 레이더 지불 시스템(High-pass)

29 공기나 유압을 사용한다
유동성 (Fluid)

A. 단단한 것을 유동적인 것으로 대체

- 무게가 줄고 시스템이 유연해진다

해결책	사례
a. 단단한 것을 유동적인 것으로 대체 – 무게가 줄고 시스템이 유연해진다.	● 유연한 생산 방식 (다품종 소량 생산) ● 유연한 조직 구조 ● 계약 시 '여유 조항' 삽입 ● '젤' 물질로 만든 신발 깔창 ● 포장용 비닐 완충재

30 얇은 막, 필름을 사용한다
얇은 막 (Flexible Membrane and Thin Film)

A. 유연하고 얇은 막을 이용하여 유해한
환경으로부터 객체를 격리시킨다.

- 무게를 줄이고 에너지 효율을 높인다.

해결책	사례
a. 유연하고 얇은 막을 이용하여 유해한 환경으로부터 객체를 격리시킨다. – 무게를 줄이고 에너지 효율을 높인다.	• 고객과 리더의 격차가 적은 수평적 조직 • 개방된 공간에서 일하는 사무실 근로자는 집중해야 할 때, 커튼을 이용하여 자신을 혼란스러운 외부 환경으로부터 차단한다. • GE가 개발한 안전 전구는 테플론 필름으로 전구 유리를 코팅하여 깨져도 유리가 비산하지 않게 한다.

31 미세한 구멍을 가진 물질을 사용한다
가볍게 한다 (Porous Material)

A. 물체를 다공성으로 만들거나 다공성 요소
  (삽입물, 덮개, 코팅)를 추가한다.
B. 가볍게 한다.

해결책	사례
a. 물체를 다공성으로 만들거나 다공성 요소 (삽입물, 덮개, 코팅)를 추가한다.	• 소음 흡수용 벽 마감 • 황토벽이 콘크리트 벽보다 좋은 이유는 다공 구조로서 열 발산이 적고 습도 조절이 용이하다.
b. 가볍게 한다.	• 직원들이 새로운 아이디어를 낼 수 있도록 오픈 마인드 • 모든 계층에서 접속 가능한 인트라넷을 개발함으로써 내부 의사소통의 향상을 가져온다. • 조직을 가볍게 하여 기동성을 증가시킨다. • 탄소섬유 골프채: 가볍고 강하다. • 비행기 동체: 티타늄 복합재료 사용으로 무게를 줄인다.

32 색깔 변화 등 광학적 성질을 변화시킨다
디자인 변화 (Changing Color)

A. 물체나 환경의 색을 변화시킨다.
B. 물체나 환경의 투명성을 변화킨다.
C. 색깔 등 광학적 성질을 변화시킨다.

해결책	사례
a. 물체나 환경의 색을 변화시킨다.	• 빛을 사용하여 방/사무실의 분위기를 바꿈 • 색깔을 사용하여 경계상태를 알림 • 회사 색의 창조: 강력한 브랜드 이미지 창조
b. 물체나 환경의 투명성을 변화시킨다.	• 애플컴퓨터의 누드 PC (케이스를 투명하게 하여 내부가 보이게 한다) • 투명한 조직 • 스타벅스의 점포 디자인 (밖에서 안이 환하게 보이게 한다)
c. 색깔 등 광학적 성질을 변화시킨다.	• 운전석의 실내 백미러에 코팅– 후방차량의 전조등을 약한 불빛으로 변경 • 형광체

33 같은 재료를 사용한다
동질성 (Homogeneity)

A. 상호작용하는 객체를 같은 재질로
   만든다

해결책	사례
a. 상호작용하는 객체를 같은 재질(또는 비슷한 특성을 가진 재질)로 만든다.	• 지역고객을 위한 지역 인력 고용 • 제품 브랜드 부여: 같은 브랜드의 제품군 • 다른 조직의 데이터를 공통의 프로토콜로 바꿈 • 고객 커뮤니티 결성

34 다 쓴 것은 버리거나 복구한다
폐기 및 재생 (Rejection and Regeneration)

A. 기능을 완수했거나 필요없게 된 후에 객체의 요소를 폐기한다. 또는 작업 과정 중에 변형시킨다.

B. 소모된 부분을 작동 중에 복원시킨다.

해결책	사례
a. 기능을 완수했거나 필요없게 된 후에 객체의 요소를 폐기한다. 또는 작업 과정 중에 변형시킨다.	• 프로젝트 단위로 계약직 고용 • 특수 장비 및 설비를 임대하여 사용 • 약 캡슐은 먹으면 녹는 물질로 만든다. • 공급망의 재정비
b. 소모된 부분을 작동 중에 복원시킨다.	• 주기적인 재훈련 • 지속적인 개선 활동을 위한 정기적 재충전 • 제품의 장기 보증 서비스

35 물질의 속성을 변화시킨다
특성 변화 (Parameter Change)

A. 시스템의 물리적 상태를 변화시킨다.
B. 농도나 밀도(집중도)를 변화시킨다.
C. 유연성의 정도를 변화시킨다.

해결책	사례
a. 시스템의 물리적 상태를 변화시킨다. – 현재 사용하는 원리나 물성을 근본적으로 개선한다	● 가상 쇼핑 ● 텔레뱅킹 ● 전자 투표 ● 액체 비누 – 편리하고 위생적임 ● 산소, 질소, 가스 등을 운반 시 부피를 줄이려고 액화시킨다.
b. 농도나 밀도(집중도)를 변화시킨다.	● 팀 구조를 바꾼다.(축구경기에서 후보 선수 활용 등)
c. 유연성의 정도를 변화시킨다.	● 초보자부터~전문가까지 선택해 사용할 수 있는 소프트웨어

36 시스템의 상태를 변화시킨다
시스템 상태 변화 (Phase Transformation)

A. 상태 전이 시 발생하는 현상을 이용한다.

- 부피 변화, 열발산, 열흡수 등을 이용

해결책	사례
a. 상태 전이 시 발생하는 현상을 이용한다. – 부피 변화, 열발산, 열흡수 등을 이용	• 제품 수명 주기에 따른 마케팅 전략 변화 • 'bull(성숙기)'로 부터 'bear(유지기)' 시장으로의 전이 • 물이 얼 때 팽창하는 것을 이용해 바위를 깬다. • 태양열 이용 전기

37 요소간의 관계 변화를 이용한다
관계 변화 (Relative Change)

A. 유용한 효과를 얻기 위해 시스템 요소 간의 관
계 변화를 이용한다.
B. 요소간의 관계 변화를 이용한다.

해결책	사례
a. 유용한 효과를 얻기 위해 시스템 요소 간의 관계 변화를 이용한다.	• 바이메탈 원리를 이용한 자동 온도 조절기 • A급 고객의 관계 강화는 C급 고객의 거래량의 5배 이상 효과가 있다.
b. 요소간의 관계 변화를 이용한다.	• 열정을 갖고, 권한위임을 받고, 인정 받는 개인은 그렇지 않은 개인 세 명의 몫을 해낸다. • '미온적인 태도에서는 중요한 발견이나 창의적 사고가 나오지 않는다'

38 노출을 증가시켜 활성화한다
노출 증가 (Enrich)

A. 일반환경에 활성화 요소를 추가
B. 일반 환경을 활성화된 환경으로 바꾼다.
C. 불안정한 상태를 활성화

해결책	사례
a. 일반환경에 활성화 요소를 추가	• 팀에 새로운 피, 새로운 도전 과제 투입 • 산소를 오존으로 바꿔 화학반응을 가속화한다. • 산소 용접기 • 정화조 부패 가속화
b. 일반 환경을 활성화된 환경으로 바꾼다.	• 프로젝트 팀을 구성할 때 사람들의 화학 반응을 고려 (흥미 있는 상호 작용으로 불꽃을 튀길 사람을 찾아라)
c. 불안정한 상태를 활성화	• 고객에게 노출될 수 있는 광고 판촉 • 고객이 모이는 곳에서 판촉 이벤트 • 고객을 이해하는 적극적인 사람 고용

39 정상 환경을 불활성 환경으로 바꾼다
구조를 줄인다 (Calm)

A. 현재 환경을 불활성 환경으로 바꾼다.
B. 객체에 중성 물질이나 중성 첨가물을
   도입한다.
C. 구조를 줄인다.

해결책	사례
a. 현재 환경을 불활성 환경으로 바꾼다.	• 비즈니스 상황에서 냉각, 중립, 무관심, 무시가 필요할 수 있다. • 불연재 사용 • 전구의 필라멘트 보호를 위해 아르곤 또는 질소 가스를 주입화
b. 객체에 중성 물질이나 중성 첨가물을 도입한다.	• 작업 공간에 '여유공간' 도입 • 미팅에서 휴식 시간: '반응을 알아보기 위한 휴식'을 가짐
c. 구조를 줄인다.	• 필요 없는 기능을 제거 • 조직의 빠른 커뮤니케이션을 위해 장애 요소 제거 • 비용 절감을 위해 오버헤드 축소

40 동질의 재료를 복합 재료로 바꾼다
복합화 (Composite)

A. 동질적인 재료를 복합 재료로 바꾼다.

해결책	사례
a. 동질적인 재료를 복합 재료로 바꾼다.	• 강의, 시뮬레이션, 온라인, 비디오 등의 조합으로 훈련 • 여러 유형의 성격을 가진 사람들로 팀을 구성 • 강한 사람/부드러운 사람으로 협상 팀 구성 • 스타벅스의 바리스타 (커피전문가와 서비스를 겸한다) • 여러 부서의 태스크 포스(CFT: Cross Function Team)를 짠다.